매일 뜨고 싶은 수세미

매일 뜨고 싶은 수세미

초판 1쇄 발행 2021년 11월 9일
초판 4쇄 발행 2025년 3월 6일

지은이 다비다뜨개·제이맘·지혜로운사자

발행인 장상진
발행처 (주)경향비피
등록번호 제2012-000228호
등록일자 2012년 7월 2일

주소 서울시 영등포구 양평동 2가 37-1번지 동아프라임밸리 507-508호
전화 1644-5613 | **팩스** 02) 304-5613

ⓒ강귀옥·김은숙·신순정

ISBN 978-89-6952-481-2 13630

· 값은 표지에 있습니다.
· 파본은 구입하신 서점에서 바꿔드립니다.

매일 뜨고 싶은 수세미

뜨개질 초보자를 위한
나만의 수세미 도안
36

다비다뜨개·제이맘·지혜로운사자 지음

경향BP

PROLOGUE

유튜브에서 '다비다뜨개'로 활동하면서 다양한 뜨개 작품을 많은 사람에게 공유하고 있습니다. 제 작품을 좋아하는 사람들을 만날 때의 설렘을 이 책을 통해 또다시 느낄 수 있어서 감사하고 기쁩니다. 이 책에 담긴 작품들은 꽃을 주제로 구성했습니다. 다양한 꽃을 관찰하며 어떻게 수세미 뜨개로 표현할 수 있을까 고민하면서 만들었습니다. 같은 꽃을 뜨더라도 어떻게 뜨느냐에 따라 난이도가 달라질 수 있기 때문에 초보자들도 쉽게 뜰 수 있는 기법을 많이 적용했습니다. 꽃을 구성하는 꽃술, 꽃받침, 꽃잎 등의 색깔을 다양하게 조합해서 상상의 꽃을 만들기도 하고, 좋아하는 꽃에 다양한 색을 입혀 만들어 보기도 했습니다. 이 책을 통해서 독자분들이 더욱 다양한 수세미를 뜰 수 있기를 기대하겠습니다.

이번 책을 준비하면서 한 걸음 더 성장하는 경험을 할 수 있었습니다. 부족한 저를 도와 함께 좋은 책이 나올 수 있도록 수고해 준 가족들에게 사랑하고 감사하다는 말을 전하고 싶습니다.

다비다뜨개

처음 취미로 코바늘 손뜨개를 시작했을 때는 코바늘 하나로 뭔가 만들어 내는 것이 신기하고 재미있어서 하루 종일 손뜨개만 한 날이 많았습니다. 혼자 이것저것 만들어 보다가 초보자들도 만들어 볼 수 있는 걸 나눠 보자는 생각으로 유튜브를 시작했습니다.

이번에 책을 준비하며 그 동안 만들어 본 수세미들을 정리하는 과정에서 처음 신나게 손뜨개를 했던 기억들이 떠올라 뜨개하는 의미와 보람을 느낄 수 있었습니다.

이 책에는 코바늘 손뜨개 준비물부터 기법까지 많은 내용이 담겨 있습니다. 처음 시작할 때는 어렵다고 느낄 수 있지만, 몇 가지 기법만으로 만들 수 있는 수세미도 많이 있습니다.

차근차근 쉬운 것부터 시작한다면 코바늘을 자기만의 취미로 만들 수 있습니다. 이 책에 있는 다양한 수세미를 만들어 보면서 소소한 즐거움이 있는 보람된 시간을 보내길 바랍니다.

제이맘

안녕하세요. 지혜로운사자입니다. 이렇게 늘 바라고 바라던 책 출간을 통해 인사드릴 수 있어 감사하고 또 감사한 마음입니다.

책 작업을 하는 동안 저에게 뜨개가 어떤 의미인지 수없이 질문하고 생각해 봤습니다. 많은 날을 고민하고 또 고민해도 특별한 의미나 단어 하나 떠오르지 않더라고요. 그래서 뜨개는 나에게 떼려야 뗄 수 없는 일상이구나라는 결론을 내리게 됐습니다.

사실 일상이라는 게 어느 날은 지루하기도 하고, 어느 날은 평범했다가, 또 어느 날은 즐겁기도 하지요. 저에게 뜨개는 딱 일상 그 자체였던 것 같아요. 디자인이 나오지 않을 때는 답답했다가, 어느 날은 손목이 시큰할 때까지 시간 가는 줄 모르고 뜨개에 푹 빠졌다가, 한참을 모른 척하기도 하는 시간들의 반복이었어요.

문득 지난 일상을 되돌아보면 평범한 날들이 가장 경이롭고 감사한 순간임을 깨닫게 됩니다. 저에게 뜨개란 평소에는 그저 조용히 곁에 있지만 되돌아보면 감사한 마음을 선물해 주는 일상과 같은 존재가 아닐까 싶어요.

최선을 다해 저의 일상을 기록한 작품들이니 책 속 작품을 만나는 모든 분의 평범한 일상에 살며시 스며드는 작은 기쁨이 되길 소망합니다. 수세미 작품들과 함께 즐거운 뜨개시간 보내세요.

지혜로운사자

CONTENTS

프롤로그 4
준비물과 도구 9
뜨개 기호와 기법 10

PART 1

다비다뜨개

사슬꽃 수세미 34
함박꽃 수세미 38
안개소국 수세미 43
수선화 수세미 48
수국 수세미 53
눈꽃 수세미 58
자쿠로히메꽃 수세미 62
해바라기 수세미 66
데이지 수세미 71
사랑꽃 수세미 76
세겹꽃 수세미 80
나도바람꽃 수세미 84

PART 2

제이맘

모자 수세미	90
가방 수세미	93
도넛 수세미	96
구슬 수세미	99
하트 수세미	102
꽃하트 수세미	106
꽃 수세미	110
돼지 수세미	114
곰 수세미	118
벚꽃 수세미	122
복주머니 수세미	126
한겹꽃잎 수세미	130

PART 3

지혜로운사자

동그리꽃 수세미	136
해바라기 수세미	139
클로버 수세미	142
벚꽃 수세미	144
아이스크림 수세미	147
왕꽃 수세미	150
당근케이크 수세미	154
여우모닝빵 수세미	157
사자 수세미	160
소 수세미	164
파티고미 수세미	167
아기펭귄 수세미	170

준비물과 도구

① **뜨개실** : 용도, 계절, 원하는 두께나 소재에 맞게 실을 선택합니다. 수세미를 만들 때는 폴리100%의 반짝이 실을 많이 사용합니다.

② **코바늘** : 모사용과 레이스용이 있습니다. 수세미를 만들 때는 모사용 코바늘 5호나 6호를 많이 사용하는데, 호수가 커질수록 굵기가 굵어집니다.

③ **돗바늘** : 편물을 연결할 때나 수를 놓을 때, 실 끝을 마무리할 때 사용합니다.

④ **표시링(마커)** : 코, 단에 걸어 콧수나 단수를 계산하거나, 코와 단에 표시를 할 때 사용합니다.

⑤ **가위** : 실을 자를 때 사용합니다.

⑥ **줄자** : 편물의 치수를 잴 때 사용합니다.

뜨개 기호와 기법

◯ 매직링

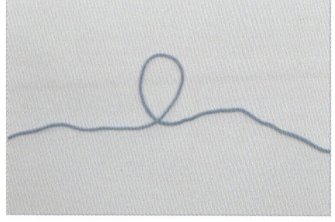

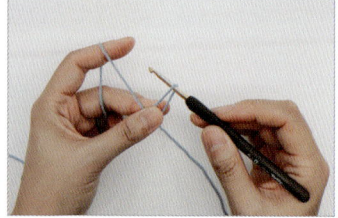

01 실 끝이 아래로 가도록 실을 교차시켜 주세요.

02 왼손 검지에 이어지는 실을 걸고 엄지와 중지로 교차된 부분을 잡아 주세요.

03 교차로 생긴 원형 부분에 바늘을 넣어 주세요.

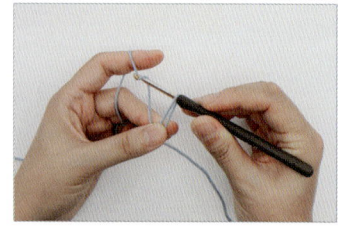
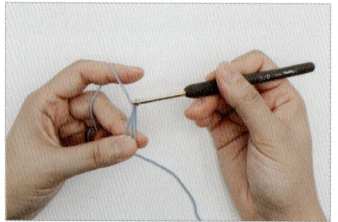
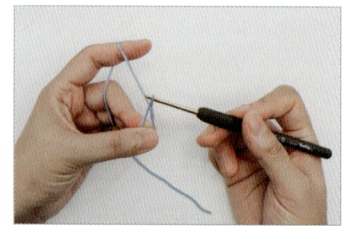

04 검지에 연결된 실을 바늘에 감아 주세요.

05 바늘에 감긴 실을 원형 안으로 통과시켜 주세요.

06 바늘에 다시 한 번 실을 감아 코를 통과시켜 주면 완성입니다.

● 빼뜨기

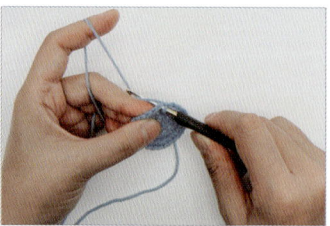

01 빼뜨기할 코에 바늘을 넣어 주세요.

02 바늘에 실을 감아 주세요.

03 바늘에 걸린 고리까지 한 번에 통과시켜 주면 완성입니다.

⭕ 사슬뜨기

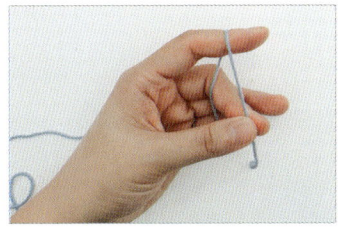

01 왼손 검지에 실을 걸어 주세요.

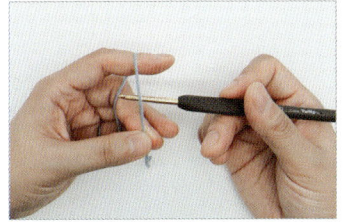

02 실 아래쪽에 바늘을 놓고 1바퀴 돌려 주세요.

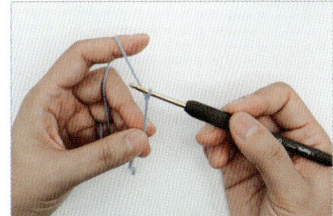

03 코를 통과시켜 매듭을 지어 주세요.

04 바늘에 실을 1번 감아 주세요.

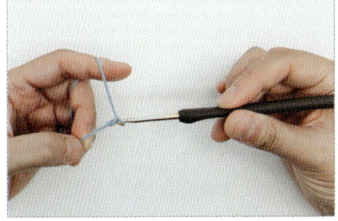

05 바늘에 걸린 고리를 통과시켜 주세요.

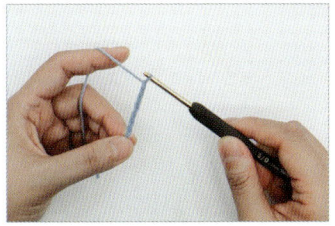

06 필요한 개수만큼 반복해 주세요.

➕ 짧은뜨기

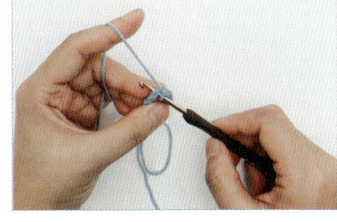

01 코에 바늘을 통과시켜 주세요.

02 바늘에 실을 감아 코를 통과시켜 주세요.

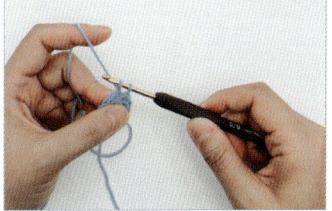

03 바늘에 고리가 2개 걸려 있습니다.

04 걸려 있는 2개의 고리를 바늘에 실을 감아 한 번에 떠 주세요.

⊤ 긴뜨기

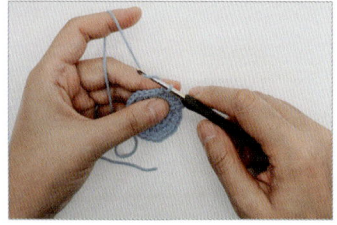

01 바늘에 실을 1번 감아 주세요.

02 바늘에 실을 감은 상태로 코에 바늘을 넣어 주세요.

03 바늘에 고리가 3개 걸려 있습니다.

04 바늘에 실을 감아 3개의 고리를 한 번에 빼내 주세요.

⊤ 한길긴뜨기

01 바늘에 실을 1번 감아 주세요.

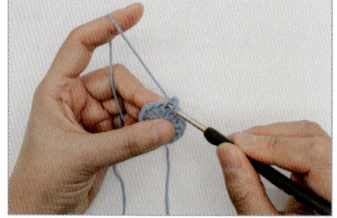

02 코에 바늘을 넣어 주세요.

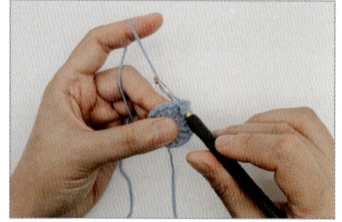

03 바늘에 다시 한 번 실을 감아 앞쪽으로 빼내 주세요.

04 바늘에 고리가 3개 걸려 있습니다.

05 바늘에 실을 감아 앞쪽 2개의 고리를 함께 떠 주세요.

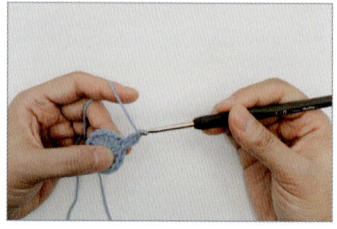

06 바늘에 실을 감아 다시 한 번 바늘에 걸려 있는 2개의 고리를 떠 주세요.

두길긴뜨기

01 바늘에 실을 2번 감아 주세요.

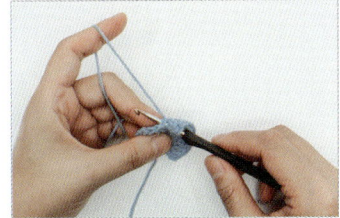

02 코에 바늘을 넣어 주세요.

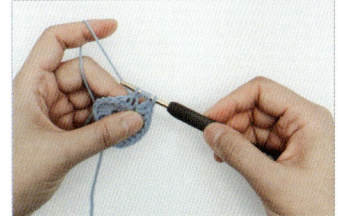

03 실을 감아 빼 주면 바늘에 고리가 4개 걸려 있습니다.

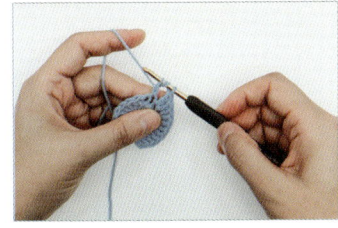

04 2개의 고리를 한 번에 떠 주세요.

05 다시 한 번 2개의 고리를 한 번에 떠 주세요.

06 남은 2개의 고리를 한 번에 떠 주면 완성입니다.

세길긴뜨기

01 바늘에 실을 3번 감아 주세요.

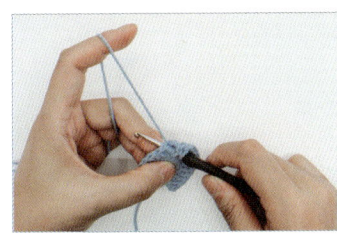

02 실을 감은 상태로 코에 바늘을 넣어 주세요.

03 바늘에 다시 한 번 실을 감아 주세요.

04 실을 앞쪽으로 당겨 주면 바늘에 고리가 5개 걸려 있습니다.

05 2개의 고리를 한 번에 떠 주세요.

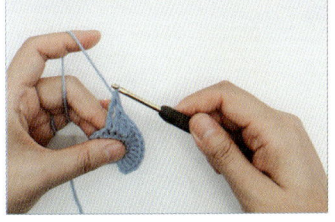

06 바늘에 고리가 1개 남을 때까지 반복해 주세요.

┼ 짧은이랑뜨기

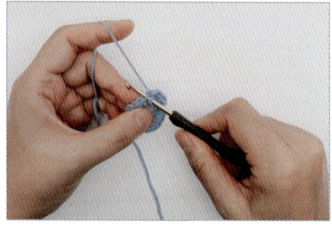  

01 사슬 반 코에만 바늘을 넣어 주세요.

02 짧은뜨기를 떠 주면 완성입니다.

┃ 한길긴이랑뜨기

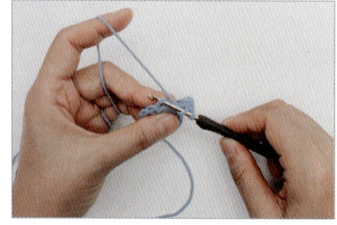 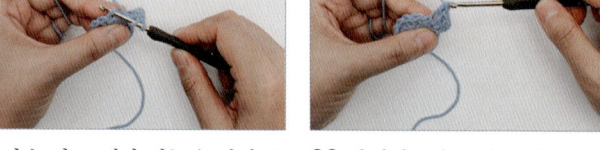 

01 사슬 반 코에만 바늘을 넣어 주세요.

02 한길긴뜨기를 떠 주면 완성입니다.

짧은이랑2코늘려뜨기

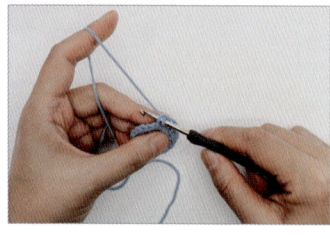  

01 사슬 반 코만 잡아 바늘을 넣어 주세요.

02 짧은뜨기 1코를 떠 주세요.

03 같은 자리에 바늘을 다시 한 번 넣어 주세요.

04 짧은뜨기 1코를 더 떠 주면 완성입니다.

한길긴이랑2코늘려뜨기

01 사슬 반 코에만 바늘을 넣어 주세요.

02 한길긴뜨기 1코를 떠 주세요.

03 같은 자리 사슬 반 코에 다시 바늘을 넣어 주세요.

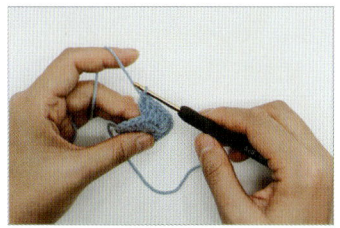

04 한길긴뜨기 1코를 더 떠 주면 완성입니다.

한길긴이랑2코모아뜨기

01 사슬 반 코에만 바늘을 넣어 주세요.

02 미완성 한길긴뜨기를 떠 주세요.

03 다음 코도 사슬 반 코에만 바늘을 넣어 주세요.

04 미완성 한길긴뜨기를 1번 더 떠 주세요.

05 바늘에 실을 걸어 3개의 고리를 한 번에 떠 주면 완성입니다.

∨ 긴뜨기2코늘려뜨기

 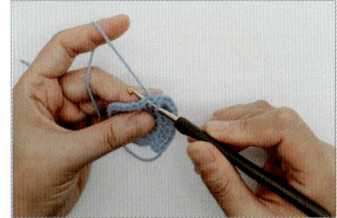 

01 바늘에 실을 1번 감아 주세요.

02 코에 바늘을 넣어 주세요.

03 긴뜨기 1코를 떠 주세요.

04 같은 자리에 바늘을 넣어 주세요.

05 긴뜨기 1코를 더 떠 주면 완성입니다.

∨ 한길긴2코늘려뜨기

01 한길긴뜨기 1코를 떠 주세요.

02 같은 코에 다시 바늘을 넣어 주세요.

03 한길긴뜨기 1코를 더 떠 주면 완성입니다.

한길긴3코늘려뜨기

01 한길긴뜨기 1코를 떠 주세요.   02 같은 코에 바늘을 넣어 한길긴뜨기 1코를 더 떠 주세요.   03 다시 한 번 같은 코에 한길긴뜨기 1코를 더 떠 주면 완성입니다.

 ### 두길긴3코늘려뜨기

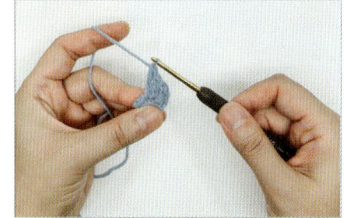 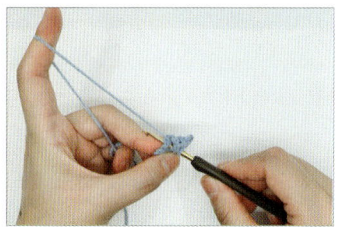 

01 완성된 두길긴뜨기 1코를 떠 주세요.   02 같은 자리에 바늘을 넣어 주세요.   03 완성된 두길긴뜨기 2코를 더 떠 주면 완성입니다.

 ### 한길긴5코늘려뜨기

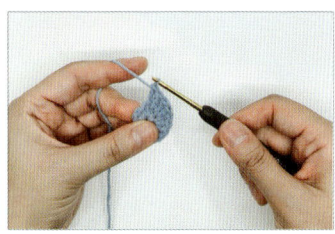 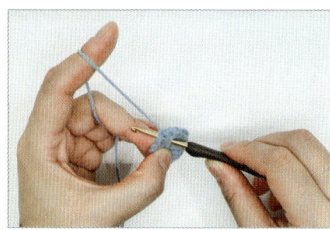 

01 완성된 한길긴뜨기 1코를 떠 주세요.   02 같은 코에 바늘을 넣어 주세요.   03 완성된 한길긴뜨기 5코를 떠 주면 완성입니다.

 한길긴8코늘려뜨기(=솔잎뜨기)

01 같은 자리에 한길긴뜨기 8코를 떠 주면 완성입니다.

 두길긴2코늘려뜨기

01 바늘에 실을 2번 감아 주세요.

02 바늘에 실을 감은 상태로 코에 바늘을 넣어 주세요.

03 두길긴뜨기 1코를 떠 주세요.

04 다시 한 번 바늘에 실을 2번 감아 주세요.

05 같은 자리에 다시 한 번 바늘을 넣어 주세요.

06 두길긴뜨기 1코를 더 떠 주면 완성입니다.

짧은2코모아뜨기

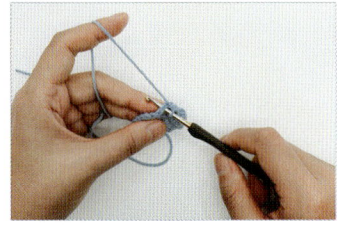

01 코에 바늘을 넣어 주세요.

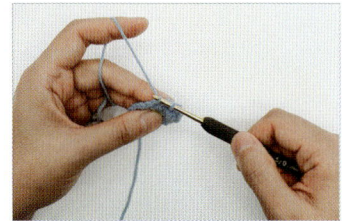

02 짧은뜨기 미완성코를 떠 주세요.

03 다음 코에도 짧은뜨기 미완성 코를 떠 주세요.

04 바늘에 걸려 있는 3개의 고리를 한 번에 떠 주면 완성입니다.

 짧은2코늘려뜨기

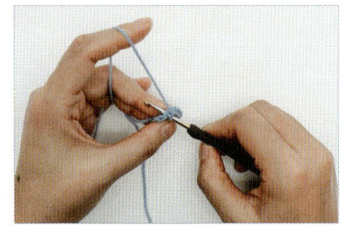

01 코에 바늘을 넣어 주세요.

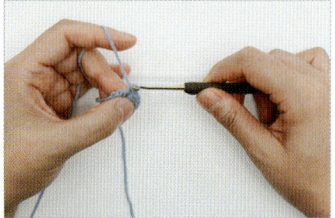

02 짧은뜨기 1코를 떠 주세요.

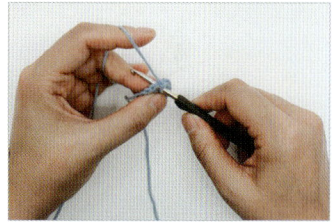

03 같은 코에 바늘을 다시 넣어 주세요.

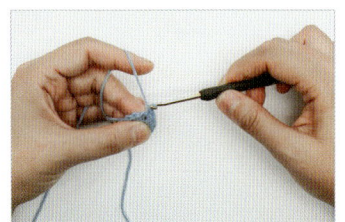

04 짧은뜨기 1코를 더 떠 주면 완성입니다.

짧은3코모아뜨기

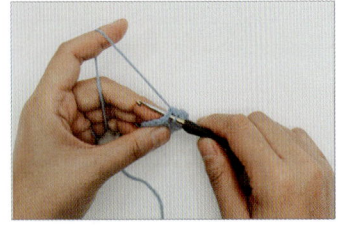

01 코에 바늘을 넣어 주세요.

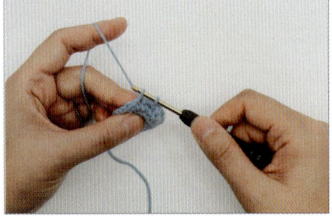

02 짧은뜨기 미완성코를 떠 주세요.

03 다음 코에도 짧은뜨기 미완성코를 떠 주세요.

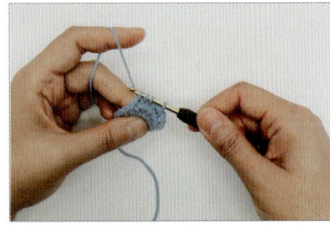

04 그 다음 코에도 짧은뜨기 미완성코를 떠 주면 바늘에 고리가 4개 걸려 있습니다.

05 바늘에 실을 감아 4개의 고리를 한 번에 떠 주면 완성입니다.

 ## 한길긴2코모아뜨기

01 미완성 한길긴뜨기 1코를 떠 주세요.

02 다음 코에도 미완성 한길긴뜨기 1코를 떠 주세요.

03 바늘에 걸려 있는 3개의 고리를 한 번에 떠 주면 완성입니다.

두길긴4코모아뜨기

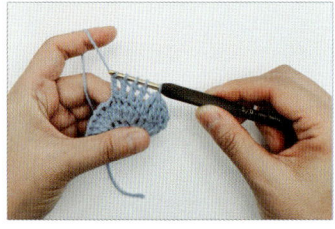  

01 4개의 코에 각각 미완성 두길긴 뜨기를 1코씩 떠 주세요.

02 바늘에 걸린 5개의 고리를 한 번에 떠 주면 완성입니다.

 ## 두길긴6코모아뜨기

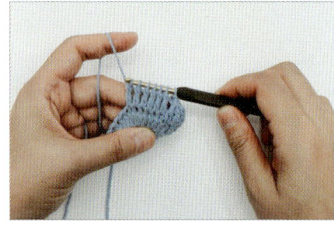  

01 6개의 코에 각각 미완성 두길긴 뜨기를 1코씩 떠 주세요.

02 바늘에 걸린 7개의 고리를 한 번에 떠 주면 완성입니다.

 ## 짧은앞걸어뜨기

01 기둥 부분이 앞쪽으로 오도록 바늘을 가로질러 주세요.

02 바늘에 실을 감아 주세요.

03 실을 끌고 나오면 바늘에 고리가 2개 걸려 있습니다.

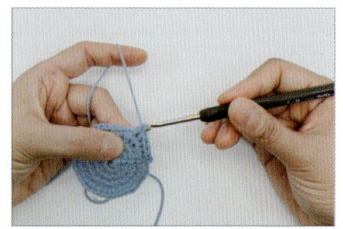

04 바늘에 걸려 있는 2개의 고리를 한 번에 떠 주면 완성입니다.

ت 짧은뒤걸어뜨기

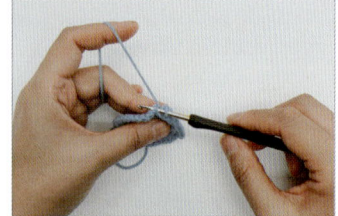

01 코의 기둥 부분이 바늘 뒤로 가도록 바늘을 가로질러 넣어 주세요.

02 앞에서 본 모습입니다.

03 바늘에 실을 감아 주세요.

04 실을 당겨 주면 바늘에 고리가 2개 걸려 있습니다.

05 바늘에 실을 감아 2개의 고리를 한 번에 통과시켜 주면 완성입니다.

한길긴뒤걸어뜨기

01 바늘에 실을 1번 감아 주세요.

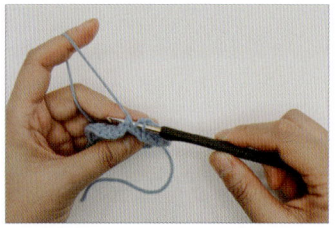

02 기둥 부분이 바늘 뒤로 가도록 가로질러 바늘을 넣어 주세요.

03 바늘에 실을 감아 빼내 주면 바늘에 고리가 3개 걸려 있습니다.

04 바늘에 실을 감아 고리 2개를 한 번에 떠 주세요.

05 남은 2개의 고리도 실을 감아 한 번에 떠 주면 완성입니다.

한길긴앞걸어뜨기

01 바늘에 실을 1번 감아 주세요.

02 바늘에 실은 감은 상태로 기둥 부분이 바늘 앞으로 오도록 가로 질러 바늘을 넣어 주세요.

03 바늘에 실을 감아 앞으로 당겨 주세요.

04 바늘에 걸린 고리 2개를 떠 주세요.

05 바늘에 걸린 나머지 고리 2개도 떠 주면 완성입니다.

두길긴앞걸어뜨기

01 바늘에 실을 2번 감아 주세요.

02 기둥 부분이 바늘 앞으로 오도록 바늘을 가로 질러 주세요.

03 바늘에 실을 감아 빼내 주면 바늘에 고리가 4개 걸려 있습니다.

04 고리를 2개씩 떠서 바늘에 고리가 1개만 남으면 완성입니다.

V 한길긴앞걸어2코늘려뜨기

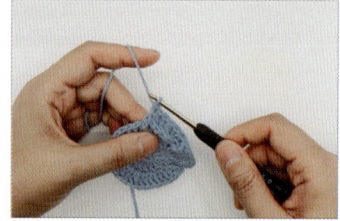

01 바늘에 실을 1번 감아 주세요.

02 실을 감은 상태로 기둥 부분이 앞으로 오도록 바늘을 가로질러 넣어 주세요.

03 한길긴뜨기 1코를 떠 주세요.

04 다시 바늘에 실을 1번 감아 주세요.

05 다시 한 번 같은 기둥에 바늘을 가로질러 넣어 주세요.

06 한길긴뜨기 1코를 더 떠 주면 완성입니다.

∀ 한길긴뒤걸어2코늘려뜨기

01 바늘에 실을 감아 주세요.

02 실은 감은 상태로 기둥 부분이 바늘 뒤로 가도록 바늘을 가로질러 넣어 주세요.

03 한길긴뜨기 1코를 떠 주세요.

04 같은 기둥에 다시 한 번 바늘을 가로질러 넣어 주세요.

05 한길긴뜨기 1코를 더 떠 주면 완성입니다.

⸕ 되돌아짧은뜨기

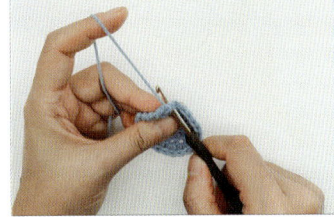

01 편물의 방향은 그대로 두고 바늘의 오른쪽 코에 바늘을 꽂아 주세요.

02 실을 끌고 나오세요.

03 짧은뜨기를 떠 주세요. 계속 시계 방향으로 진행해 주세요.

3코구슬뜨기

 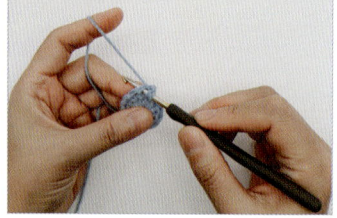 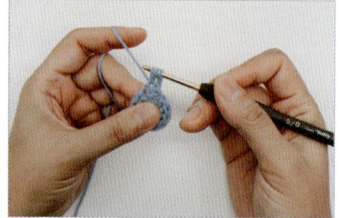

01 바늘에 실을 1번 감아 주세요.
02 실이 감겨 있는 상태에서 코에 바늘을 넣어 주세요.
03 실을 감아 나와 미완성 긴뜨기 1코를 떠 주세요.

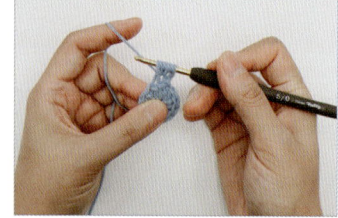 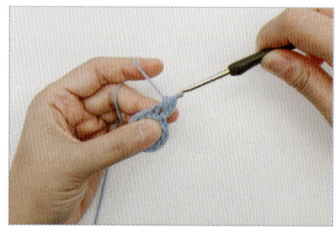

04 미완성 긴뜨기 2코를 더 떠 주세요.
05 바늘에 걸려 있는 7개의 고리를 한 번에 떠 주면 완성입니다.

 ## 4코구슬뜨기(코아래서줍기)

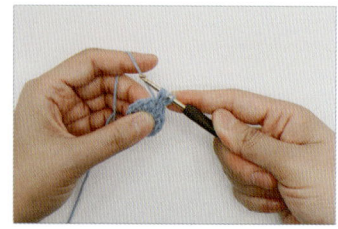 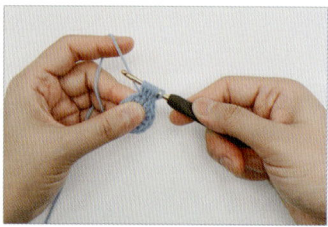 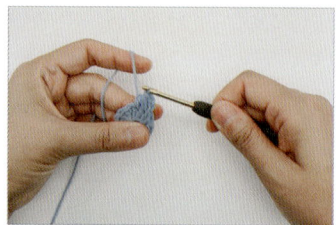

01 코 아래 공간에 미완성 긴뜨기 2코를 떠 주세요.
02 다음 공간에 미완성 긴뜨기 2코를 더 떠 주세요.
03 바늘에 걸려 있는 고리를 한 번에 떠 주면 완성입니다.

5코구슬뜨기

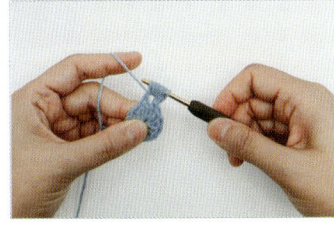
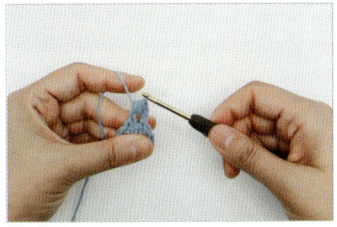

01 한 코에 미완성 긴뜨기 5코를 떠 주세요.

02 바늘에 걸려 있는 모든 고리를 한 번에 떠 주면 완성입니다.

 ## 한길긴2코구슬뜨기(코아래서줍기)

01 코 아래 공간에 미완성 한길긴뜨기 1코를 떠 주세요.

02 다음 공간에 바늘을 넣어 주세요.

03 다음 공간에도 미완성 한길긴뜨기 1코를 떠 주세요.

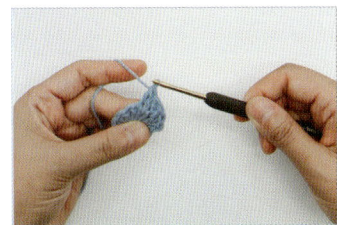

04 바늘에 걸린 고리를 한 번에 떠 주면 완성입니다.

한길긴3코구슬뜨기

 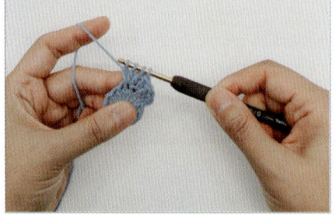 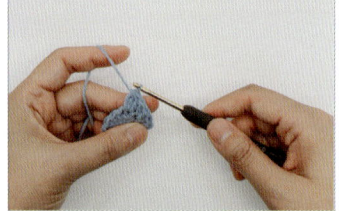

01 미완성 한길긴뜨기 1코를 떠 주세요.

02 같은 코에 미완성 한길긴뜨기 2코를 더 떠 주세요.

03 바늘에 걸린 4개의 고리를 한 번에 떠 주면 완성입니다.

 ## 두길긴3코구슬뜨기

 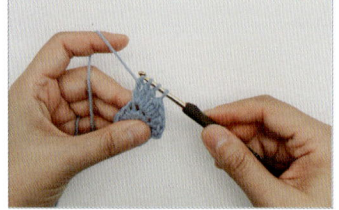 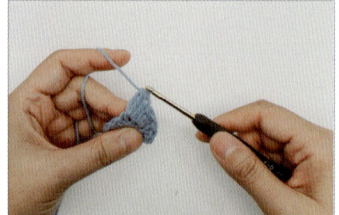

01 미완성 두길긴뜨기 1코를 떠 주세요.

02 같은 코에 미완성 두길긴뜨기 2코를 더 떠 주세요.

03 바늘에 걸린 4개의 고리를 한 번에 떠 주면 완성입니다.

 ## 한길긴5코팝콘뜨기

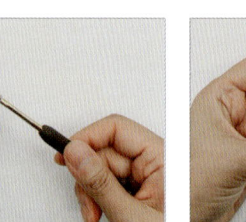  

01 한길긴뜨기 1코를 떠 주세요.

02 같은 코에 한길긴뜨기 4코를 더 떠 주세요.

03 코바늘을 빼서 1번째 코에 바늘을 넣어 주세요.

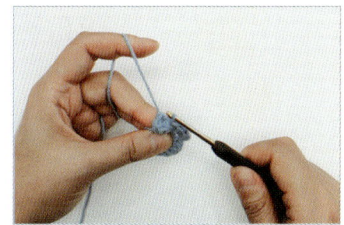
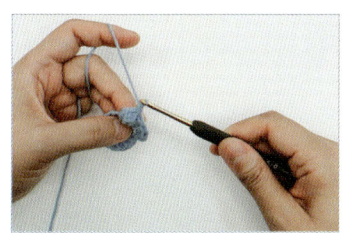

04 5번째 코를 1번째 코에 빼내 주세요.

05 바늘에 걸려 있는 고리 사이로 실을 한 번 더 빼내 주면 완성입니다.

 ## 두길긴5코팝콘뜨기

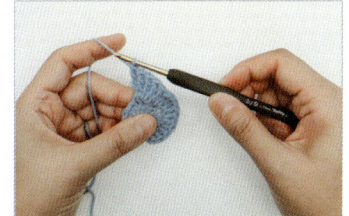

01 두길긴뜨기 1코를 떠 주세요.

02 같은 자리에 두길긴뜨기 4코를 더 떠 5코를 만들어 주세요.

03 코바늘에서 바늘을 빼서 1번째 코에 넣어 주세요.

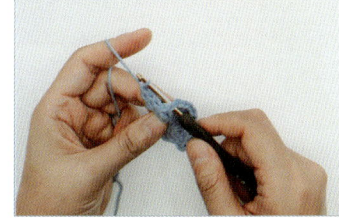

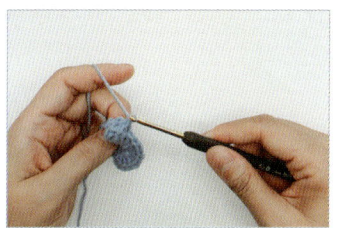

04 5번째 코에 바늘을 다시 넣어 주세요.

05 5번째 코를 1번째 코 사이로 빼내 주세요.

06 실을 감아 바늘에 걸린 고리에 빼내 주면 완성입니다.

 ## 빼뜨기피코뜨기

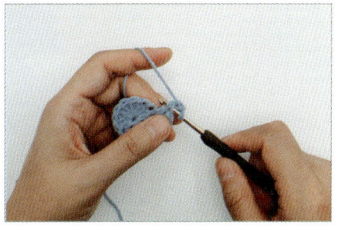
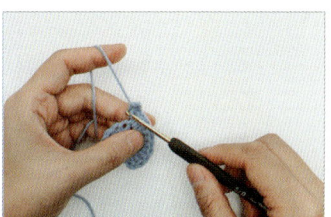

01 사슬 3개를 떠 주세요.

02 사슬머리 반 코와 기둥 부분 반 코에 같이 바늘을 넣어 주세요.

03 코바늘에 실을 감아 빼내 주면 완성입니다.

짧은뜨기피코뜨기

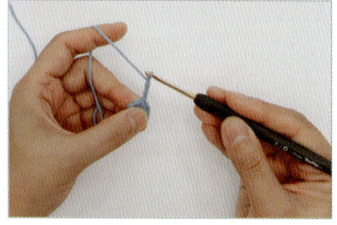
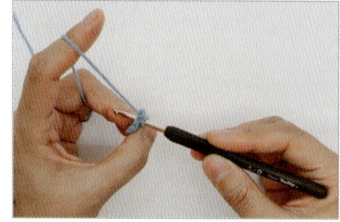
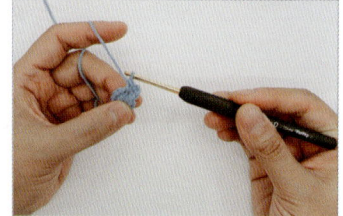

01 사슬 3개를 떠 주세요.
02 다음 코에 바늘을 넣어 주세요.
03 짧은뜨기해 주면 완성입니다.

 감기

01 사슬의 앞쪽 반 코에만 바늘을 넣어 주세요.
02 실을 바늘에 감아 주세요.
03 실을 잡아 당겨 주세요.

04 실을 빼내 주고 다음 코도 같은 방법으로 진행해 주세요.

짧은링뜨기

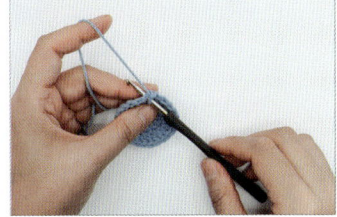

01 코에 바늘을 넣어 주세요.

02 실을 엄지손가락에 걸어 앞쪽에 눌러 주세요.

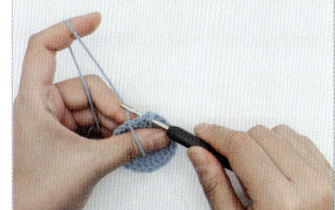

03 검지에 걸린 실을 끌어 오세요.

04 짧은뜨기를 떠 주면 완성입니다.

PART 1
다비다뜨개

사슬꽃 수세미

난이도	완성사이즈	사용실	사용바늘
★☆☆☆☆	지름 14cm	흰색, 연노랑, 초록	모사용 5호 코바늘

기법
사슬뜨기, 빼뜨기, 짧은뜨기, 한길긴뜨기, 긴4코 구슬뜨기, 짧은뒤걸어뜨기

뜨는 순서
꽃수술 만들기 ➜ 꽃잎 만들기 ➜ 레이스 넣기 ➜ 고리 뜨기

동영상 참조

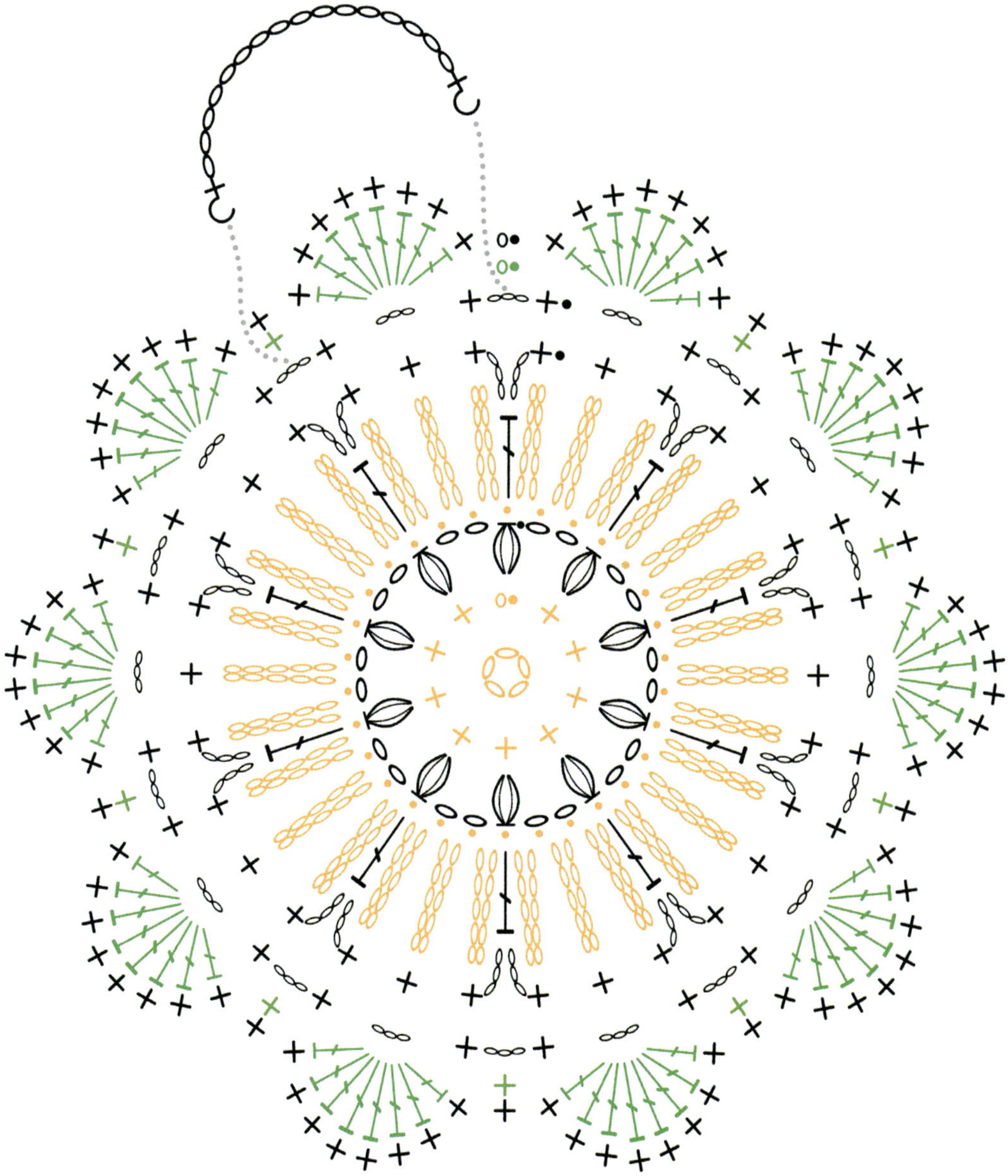

How to make

01 사슬 5코로 원을 만든 뒤 도안을 참고해서 사슬기둥코까지 짧은뜨기 10코를 떠 주세요.

02 짧은뜨기에 긴4코구슬뜨기 1코, 사슬 2코를 떠 주세요. 반복해서 총 10개의 구슬뜨기를 떠 주세요.

03 2단 사슬 2코에 사슬 10코를 하고, 같은자리에 빼뜨기 1코를 반복해서 3번 해 줍니다. 다음 사슬 2코에 빼뜨기를 해 줍니다. 반복해서 1바퀴 떠 주세요.

04 마지막 사슬고리에 사슬 3코를 만든 뒤 한길긴뜨기 1코를 구슬뜨기 머리에 연결해 주세요. 이어서 사슬 3코의 1번째 고리에 짧은뜨기를 1코 떠 주세요.

05 사슬고리 3개가 꽃잎 1장이 되도록 만들어 주세요.

06 사슬 3코를 떠 주고, 꽃잎 모서리 오른쪽에 짧은뜨기 1코, 사슬 3코를 떠 준 뒤, 다음 꽃잎 모서리 왼쪽에 짧은뜨기 1코를 반복해서 떠 주세요. (사슬 3코가 총 20개가 돼요.)

07 도안을 참고해서 꽃잎을 1바퀴 떠 주세요.

08 짧은뜨기를 1코에 1코씩 1바퀴 떠 주세요.

09 원하는 위치에 고리를 만들어 주면 완성입니다.

함박꽃 수세미

난이도 ★★☆☆☆
완성사이즈 지름 13cm
사용실 흰색, 연노랑, 진노랑, 갈색
사용바늘 모사용 5호 코바늘

기법
사슬뜨기, 빼뜨기, 짧은뜨기, 한길긴뜨기, 피코뜨기

뜨는 순서
꽃잎 모티브 만들기 ➡ 원형 뜨기 ➡ 꽃잎 고정하기 ➡ 레이스 넣기 ➡ 고리 뜨기

동영상 참조

전체 도안

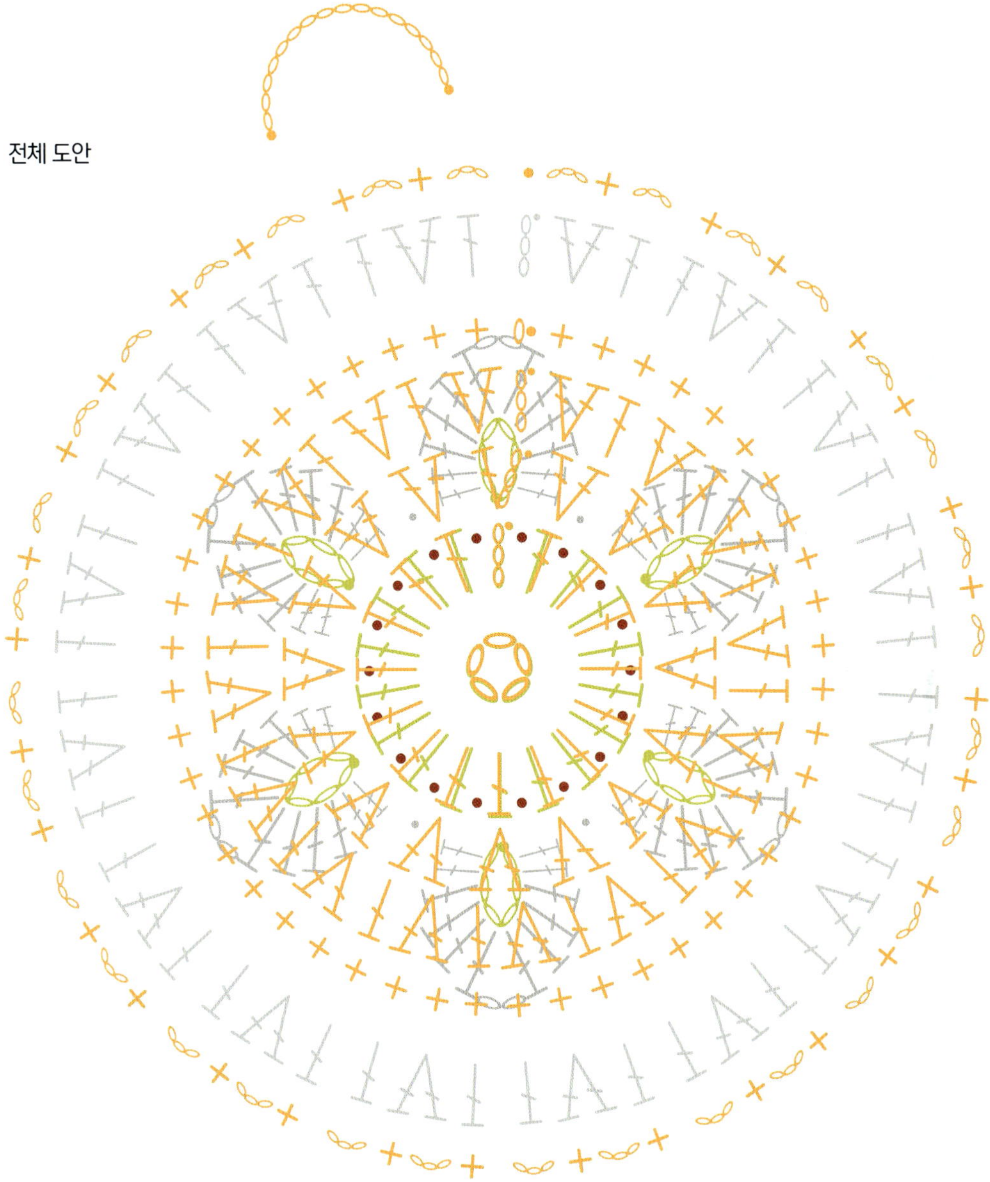

꽃잎 모티브

원형 뜨기

How to make

01 사슬 5코로 원을 만든 뒤 사슬 9코를 만들어 밑에서 3번째 코에 빼뜨기해 주세요. 한길긴뜨기 3코를 한 다음 사슬 6코 피코뜨기를 해 주세요. 반복해서 총 6개의 고리를 만들어 주세요.

02 1단 한길긴뜨기한 곳에 빼뜨기로 1바퀴 떠 주세요.

03 고리와 고리 사이 중간 코에 다른 색 실을 연결해 주세요. 만들어 둔 고리에 한길긴뜨기 6코, 사슬 2코, 한길긴뜨기 6코를 떠 준 뒤, 다시 고리와 고리 사이 중간 코에 빼뜨기해 주세요. 반복해서 총 6개의 꽃잎을 만들어 주세요.

04 꽃잎 모티브를 연결할 원형 뜨기를 3단까지 떠 준 뒤 짧은뜨기를 1코에 1코씩 떠서 총 48코를 만들어 주세요.

05 완성된 원형 뜨기를 뒤집은 후 꽃잎 모티브를 올려 주세요. 원형 뜨기에 실 색을 바꾸어 사슬기둥코 3코를 만든 뒤, 다음 코에서 꽃잎을 고정시켜 주세요.

06 도안을 참고해서 자연스러운 곳에 꽃잎을 고정시켜 주세요.

07 사슬 3코를 만들고 1코를 띄워 짧은뜨기 1코를 반복해서 1바퀴 떠 주세요. 고리를 만들어 주면 완성입니다.

안개소국 수세미

난이도	완성사이즈	사용실	사용바늘
★★☆☆	지름 12.5cm	흰색, 노랑, 빨강	모사용 5호 코바늘

기법
사슬뜨기, 빼뜨기, 짧은뜨기, 한길긴뜨기, 두길긴6코모아뜨기, 짧은뒤걸어뜨기, 감기

뜨는 순서
꽃 모티브 만들기 ➡ 호빵 뜨기 ➡ 꽃받침 만들기 ➡ 고리 뜨기

동영상 참조

전체 도안

꽃 모티브

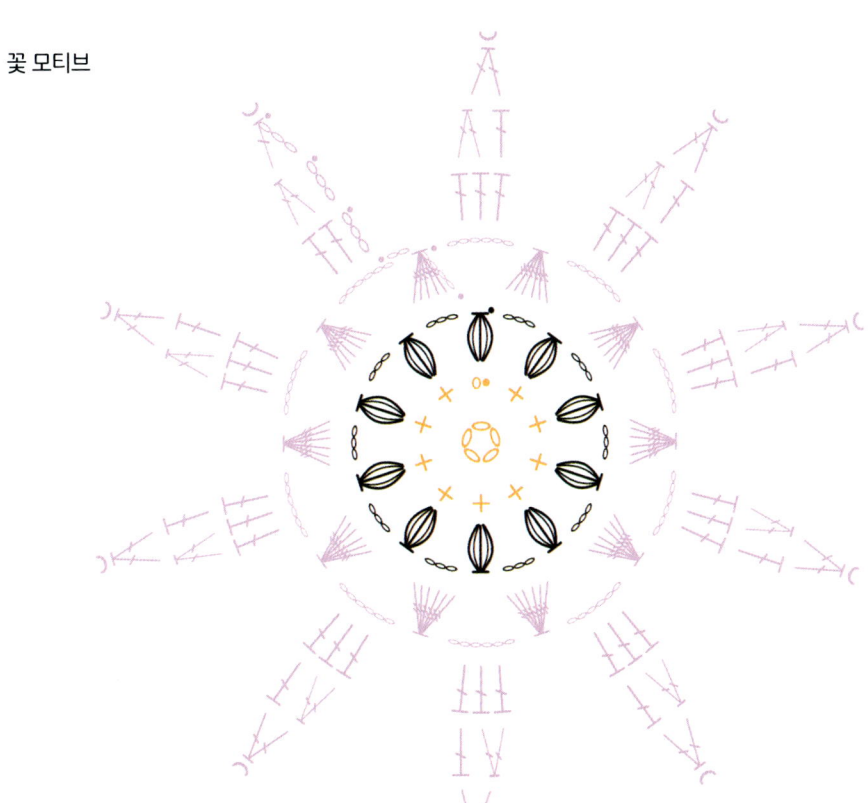

꽃받침

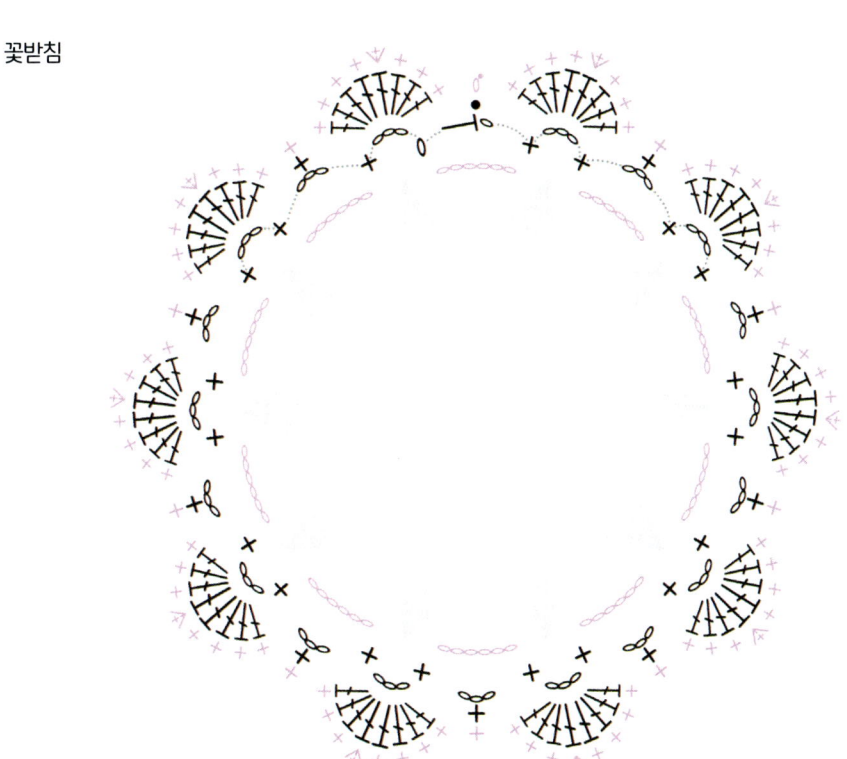

How to make

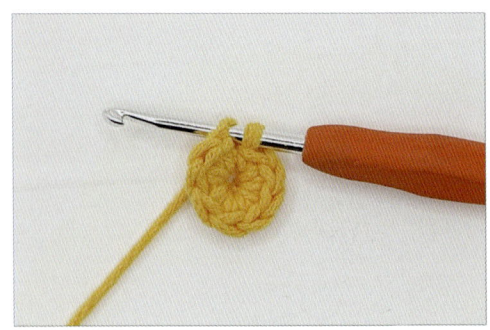

01 사슬 5코로 원을 만든 뒤 도안을 참고해서 사슬기둥코까지 짧은뜨기 10코를 떠 주세요

02 짧은뜨기에 긴5코구슬뜨기 1코, 사슬 3코를 떠 주세요. 짧은뜨기 코마다 반복해서 구슬뜨기 10개를 떠 주세요.

03 사슬 3코에 두길긴뜨기 6코-모아뜨기 1코-사슬 6코를 떠 주세요. 반복해서 1바퀴 떠 주세요.

04 사슬 2코를 만들고 사슬기둥코를 포함해서 한길긴뜨기 3코씩 1바퀴 떠 주세요.

05 도안을 참고해서 감기로 뒷면을 마무리해 주세요.

06 도안을 참고해서 사슬뜨기로 1바퀴 떠 주세요.

07 다음 사슬에 한길긴뜨기 8코를 떠 주고, 다음 사슬에 짧은뜨기 1코를 떠 주세요. 10번 반복해서 떠 주세요.

08 도안을 참고해서 짧은뜨기로 1바퀴 떠 주세요.

09 원하는 위치에 고리를 만들어 주면 완성입니다.

수선화 수세미

난이도	완성사이즈	사용실	사용바늘
★★★☆☆	지름 12cm	흰색, 분홍, 노랑	모사용 5호 코바늘

기법
사슬뜨기, 빼뜨기, 짧은이랑뜨기, 두길이랑뜨기, 한길긴뜨기, 두길긴뜨기, 감기

뜨는 순서
원형 뜨기 ➜ 꽃술 만들기 ➜ 꽃잎 만들기 ➜ 원형 뜨기 마무리 ➜ 고리 뜨기

동영상 참조

전체 도안

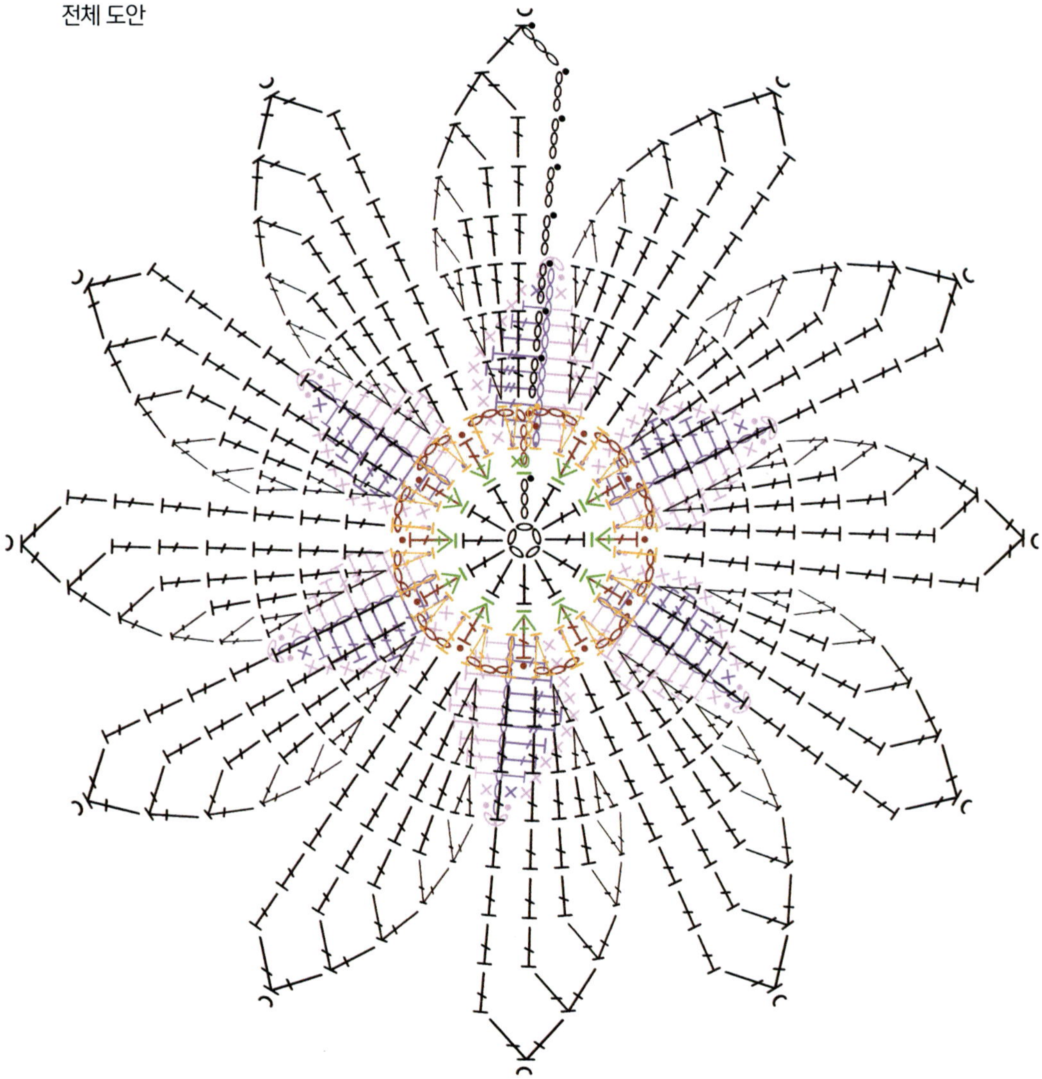

꽃술

꽃잎

원형 뜨기

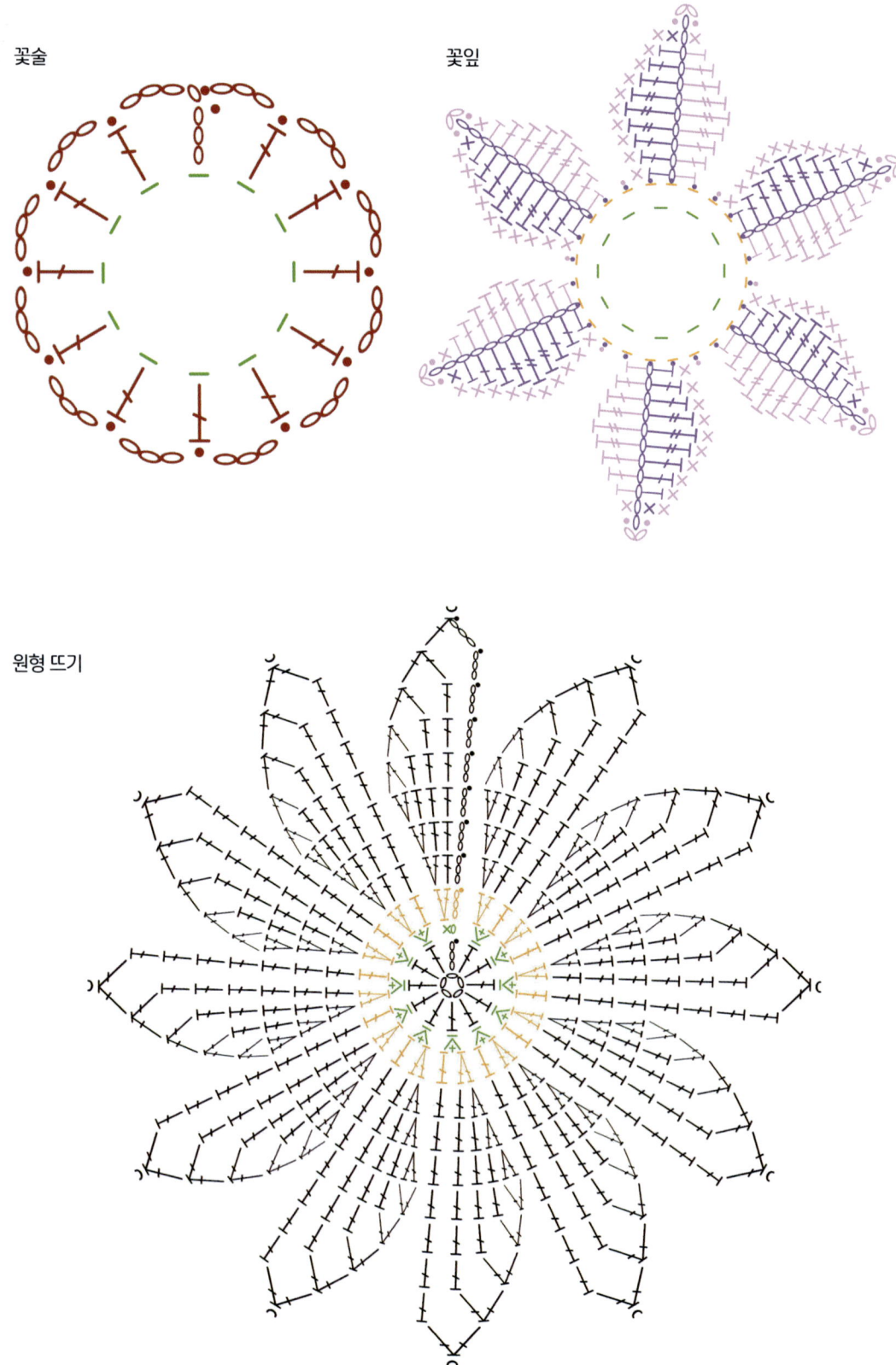

How to make

01 사슬 5코로 원을 만든 뒤 사슬기둥코를 포함해서 한길긴뜨기 12코를 떠 주세요.

02 사슬기둥코 1코를 뜬 뒤 짧은이랑뜨기 1코에 2코씩 총 24코를 만들어 주세요.

03 한길긴뜨기를 이랑뜨기로 원형 뜨기 3단을 떠 주세요.

04 4단은 원형 뜨기를 한 뒤 표시링으로 고정해 주세요.

05 2단 이랑뜨기 선에 짧은뜨기를 1코씩 떠서 총 12코를 만들어 주세요. 짧은뜨기 1코에 사슬 3코씩 1바퀴 떠 주세요.

06 3단 이랑뜨기 선에 사슬 11코를 만들어 주세요. 도안을 참고해서 꽃잎 반쪽 부분을 떠 주세요. 빼뜨기로 4번 이동한 다음 계속 반복해서 꽃잎을 총 6장 만들어 주세요.

07 빼뜨기로 2번 이동한 다음 반쪽 꽃잎 맨 아래 코부터 도안을 참고해서 떠서 꽃잎 6장을 완성해 주세요.

08 이어서 원형 뜨기 5단을 떠 주고, 6단은 꽃잎을 펴서 자연스럽게 끝부분을 이어 원형 뜨기를 마무리해 주세요.

09 7~9단까지 원형 뜨기를 마무리한 뒤 1코에 1번씩 감기해서 모아 주세요.

10 원하는 위치에 고리를 만들면 완성입니다.

수국 수세미

난이도	완성사이즈	사용실	사용바늘
★★★☆	지름 14cm	흰색, 분홍, 초록	모사용 5호 코바늘

기법
사슬뜨기, 빼뜨기, 한길긴뜨기, 감기

뜨는 순서
원형 뜨기 ➡ 꽃잎 만들기 ➡ 원형 뜨기 마무리➡ 잎사귀 만들기

동영상 참조

원형 뜨기

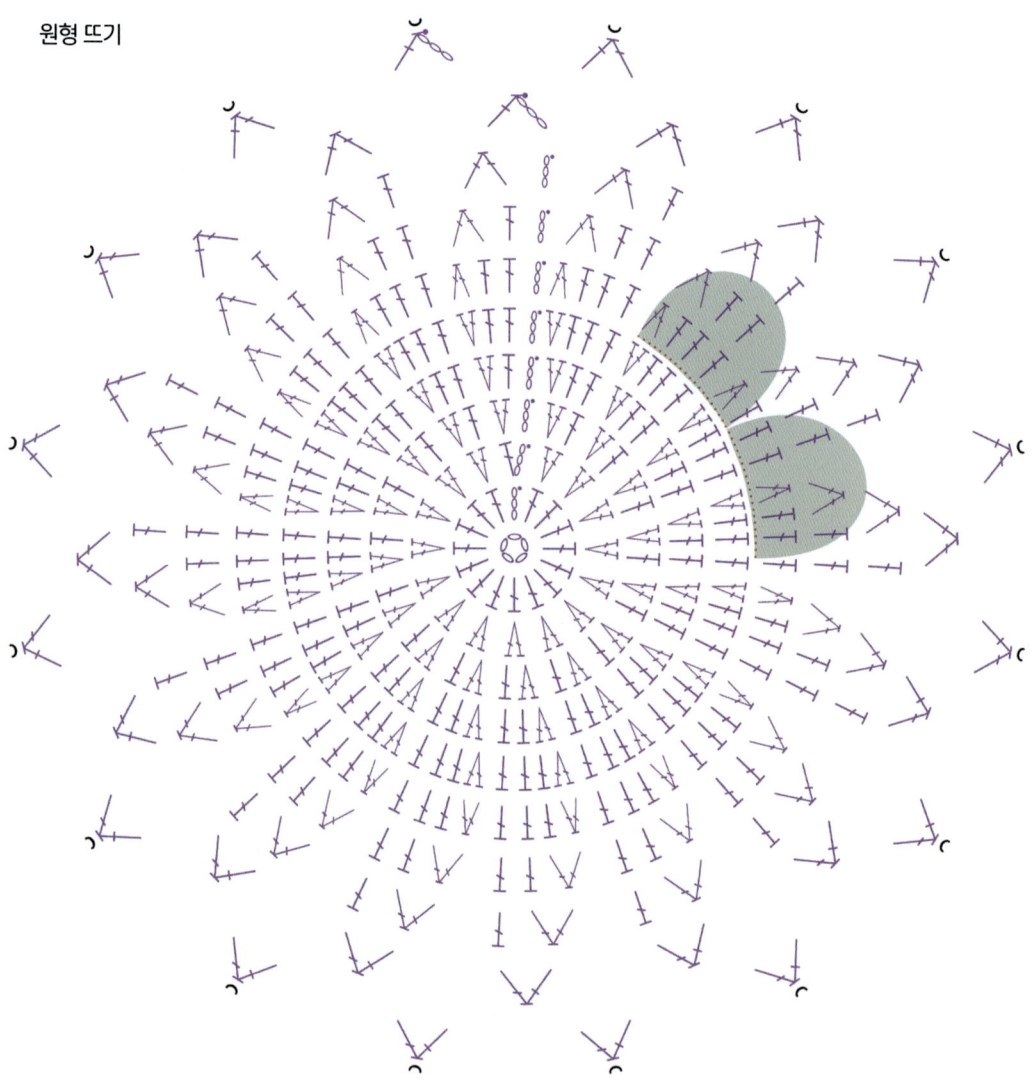

꽃잎

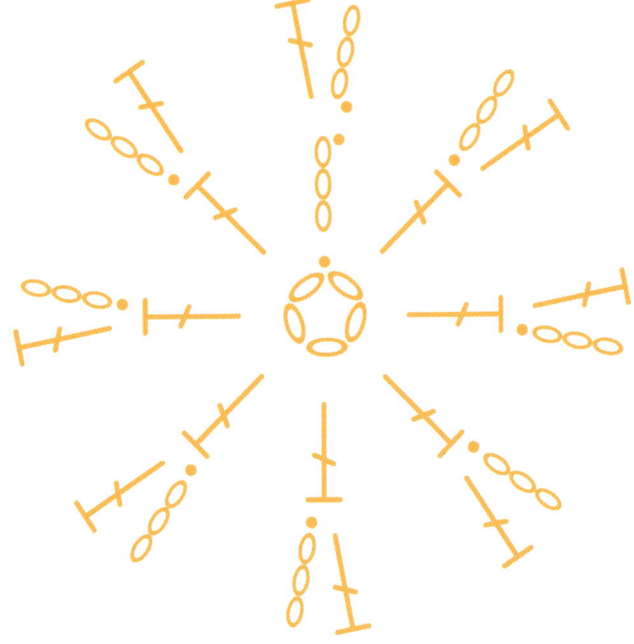

잎사귀

| How |
| to |
| make |

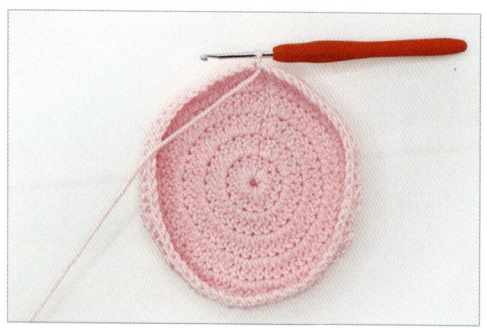

01 도안을 참고해서 원형 뜨기 6단까지 떠 주세요.

02 사진과 같이 2바퀴 떠 주세요.

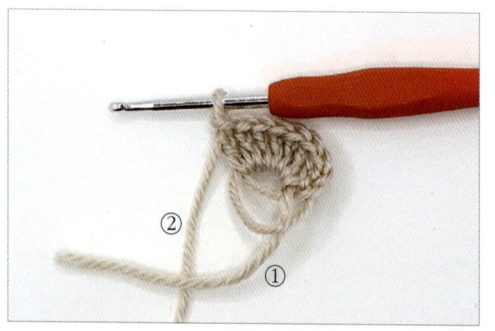

03 원 안에 사슬기둥코를 포함해서 한길긴뜨기 18코를 떠 주세요. ①번 실을 잡고 살짝 당겨서 딸려 오는 ②번 실을 조여 주세요. 다시 ①번 실을 잡고 당겨 주세요.

04 사슬기둥코 3번째 코에 빼뜨기해 주세요.

05 1코에 사슬 3코-한길긴뜨기 1코, 다음 코에 한길긴뜨기 1코-사슬 3코를 떠서 같은 코에 빼뜨기해 주세요. 반복하여 꽃잎을 총 4장 만들어 주세요.

06 꽃을 총 15개 만들어 주세요.

07 원형 뜨기 중심에 꽃 하나를 달고 안쪽에서 묶어 주세요. 남은 꽃 14개를 자연스럽게 배치해서 같은 방법으로 묶어 주세요.

08 도안을 참고해서 원형 뜨기 뒷면을 마무리해 주세요. (원하는 위치에 고리를 만들어 주세요.)

09 도안을 참고해서 점선 윗부분부터 잎사귀를 만들어 주면 완성입니다.

눈꽃 수세미

난이도	완성사이즈	사용실	사용바늘
★☆☆☆☆	지름 14cm	흰색, 하늘색	모사용 5호 코바늘

기법
사슬뜨기, 빼뜨기, 짧은뜨기, 한길긴뜨기, 두길긴뜨기, 한길긴뜨기 2코 모아뜨기

뜨는 순서
눈꽃 모양 만들기 ➔ 고리 뜨기

동영상 참조

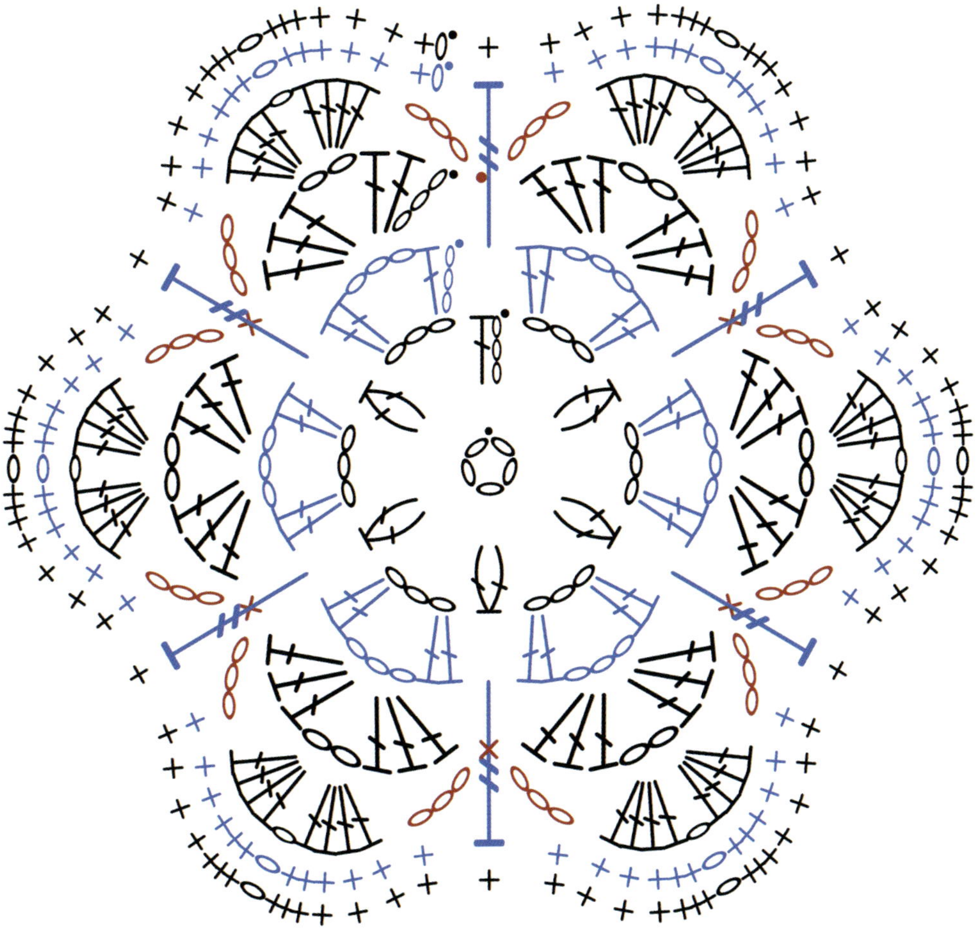

How to make

01 사슬 5코로 원을 만든 뒤 한길긴뜨기 2코 모아 뜨기 1코-사슬 3코를 6번 반복해서 떠 주세요.

02 사슬기둥코 3코-한길긴뜨기 1코-사슬 3코-한길긴뜨기 2코를 총 6번 반복해서 떠 주세요.

03 사슬에 사슬기둥코 3코-한길긴뜨기 2코-사슬 2코-한길긴뜨기 3코를 총 6번 반복해서 떠 주세요.

04 사슬 3코를 만들고 3번째 단 사슬 3코에 한길긴뜨기 4코-사슬 1코-한길긴뜨기 4코-사슬 3코를, 3번째 단 무늬 사이에 짧은뜨기 1코를 총 6번 반복해서 떠 주세요.

05 사슬 3코에 실을 이어 짧은뜨기를 1코에 1코씩 떠 준 뒤 꼭짓점 부분만 짧은뜨기 1코-사슬 1코-짧은뜨기 1코를 떠 주세요. 이어서 실을 2번째 단에 걸어서 두길긴뜨기 1코를 떠 주세요. 총 6번 반복해서 떠 주세요.

06 짧은뜨기 1코에 1코씩 떠 준 뒤 꼭짓점 부분만 짧은뜨기 1코-사슬 1코-짧은뜨기 1코를 떠 주세요. 총 6번 반복해서 떠 주세요.

07 과정 1~5번까지 같은 수세미를 1장 더 만들고, 2장을 겹쳐서 짧은뜨기 1코에 1코씩 떠 준 뒤 꼭짓점과 두길긴뜨기 부분 코에만 이어 주세요.

08 고리를 만들어 주면 완성입니다.

자쿠로히메꽃 수세미

난이도	완성사이즈	사용실	사용바늘
★★★☆☆	지름 13.5cm	노랑, 민트, 흰색	모사용 5호 코바늘

기법
사슬뜨기, 짧은뜨기, 빼뜨기, 두길긴뜨기, 두길긴5코팝콘뜨기, 짧은앞걸어뜨기, 피코뜨기

뜨는 순서
1단 꽃잎 만들기 ➔ 2단 꽃잎 만들기 ➔ 3단 꽃잎 만들기 ➔ 고리 뜨기

동영상 참조

꽃잎

1단 테두리

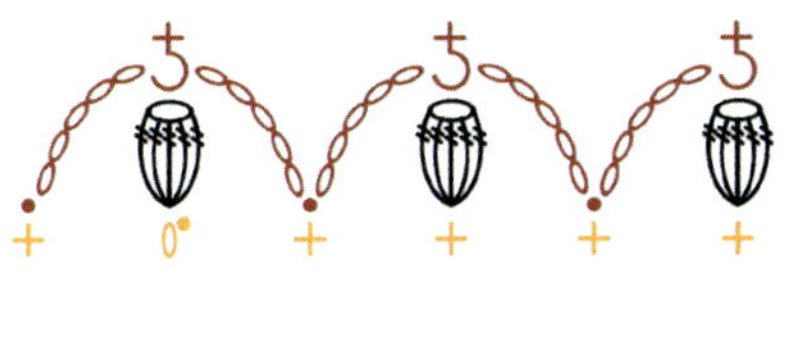

2단 테두리

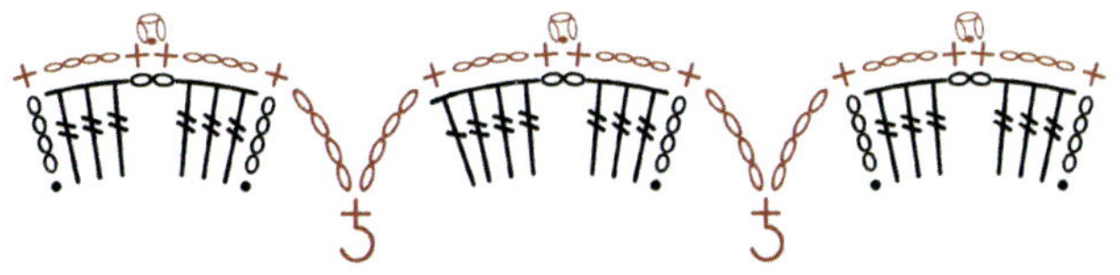

3단 테두리

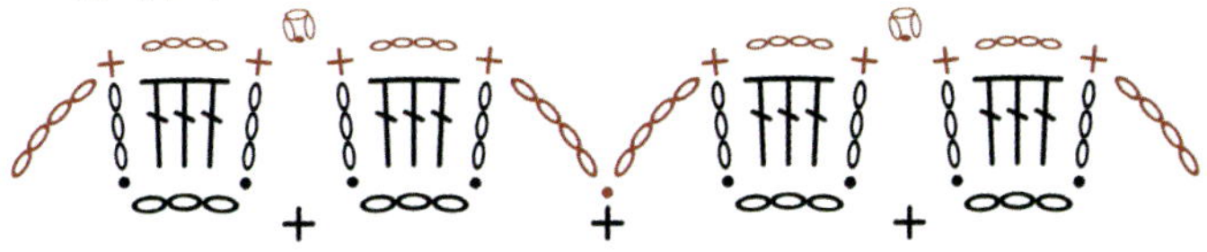

How to make

01 사슬 5코로 원을 만든 뒤 도안을 참고해서 사슬기둥코까지 짧은뜨기 12코를 떠 주세요.

02 도안을 참고해서 두길긴5코팝콘뜨기를 해 주세요. 꽃잎을 총 6장 만들어 주세요.

03 도안을 참고해서 2번째 꽃잎을 떠 주세요.

04 도안을 참고해서 사슬 3코씩 만들어 사슬 고리 18개를 만들어 주세요.

05 사슬 3코 고리에 사슬 3코-한길긴뜨기 3코-사슬 3코를 뜨고, 같은 고리에 빼뜨기, 다음 고리에 빼뜨기로 넘어가서 꽃잎을 총 18장 만들어 주세요.

06 1번째 단 테두리 도안을 참고해서 떠 주세요.

07 2번째 단 테두리 도안을 참고해서 떠 주세요.

08 3번째 단 테두리 도안을 참고해서 떠 주세요.

09 고리를 만들어 주면 완성입니다.

해바라기 수세미

난이도	완성사이즈	사용실	사용바늘
★★☆☆☆	지름 13.5cm	흰색, 노랑, 초록	모사용 5호 코바늘

기법
사슬뜨기, 빼뜨기, 짧은뜨기, 한길긴뜨기, 두길긴뜨기, 긴3코 구슬뜨기, 피코뜨, 감기

뜨는 순서
꽃잎 만들기 ➔ 원형 뜨기 ➔ 고리 뜨기

동영상 참조

꽃잎

원형 뜨기

전체 도안

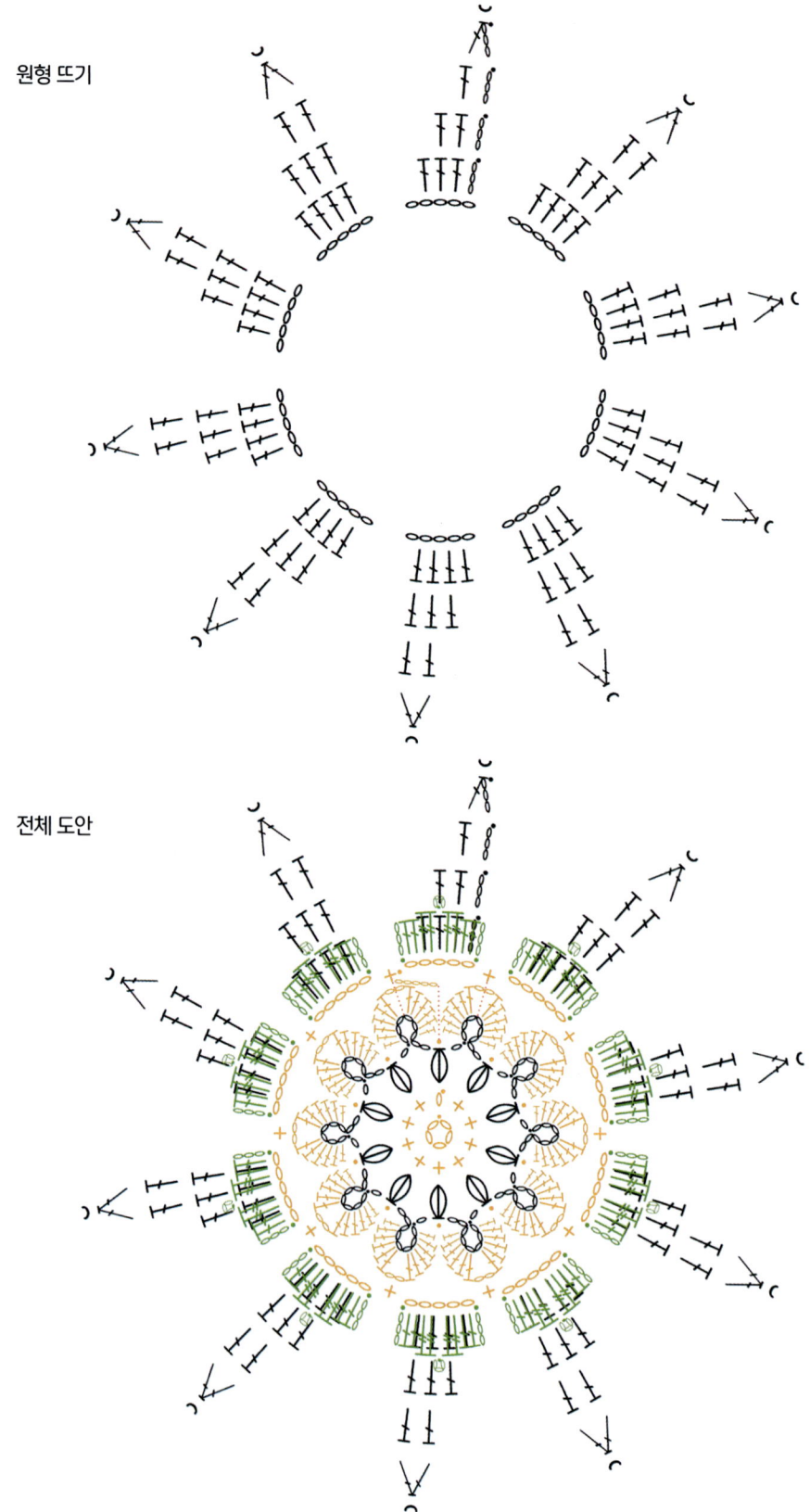

How to make

01 사슬 5코로 원을 만든 뒤 도안을 참고해서 사슬기둥코까지 짧은뜨기 10코를 떠 주세요.

02 짧은뜨기에 긴3코구슬뜨기 1코, 사슬 8코를 떠 주고, 밑에서 2번째 코에 빼뜨기 한 다음 사슬 1코를 떠 주세요. 총 10개의 고리를 만들어 주세요.

03 구슬뜨기 머리에 실을 이어서 하나의 고리에 한길긴뜨기 6코-사슬 2코-한길긴뜨기 6코를 떠 준 다음 구슬뜨기 머리에 빼뜨기하여 꽃잎 1장을 완성해 주세요. 총 10장을 만들어 주세요.

04 사슬 5코를 떠 준 다음 꽃잎 고리에 짧은뜨기 1코를 이어 주는 것을 10번 반복해서 1바퀴 떠 주세요.

05　도안을 참고해서 잎사귀 10장을 떠 주세요.

06　잎사귀 1장당 한길긴뜨기 4코씩 1바퀴 떠 주세요.

07　다음 3단은 도안을 참고해서 마무리해 주세요. (원하는 위치에 고리를 만들어 주세요.)

08　완성입니다.

데이지 수세미

난이도
★★☆☆

완성사이즈
지름 12cm

사용실
흰색, 노랑, 빨강

사용바늘
모사용 5호 코바늘

기법
사슬뜨기, 빼뜨기, 짧은뜨기, 긴뜨기, 한길긴뜨기, 감기

뜨는 순서
꽃잎 기둥 만들기 ➡ 꽃잎 만들기 ➡ 원형 뜨기 ➡ 고리 뜨기

동영상 참조

전체 도안

꽃잎

원형 뜨기

How to make

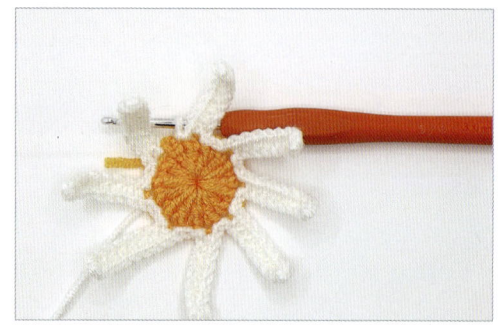

01 사슬 5코로 원을 만든 뒤 도안을 참고해서 사슬기둥코까지 한길긴뜨기 16코를 떠 주세요.

02 사슬 10코를 만든 뒤 7코째부터 1코에 1코씩 짧은뜨기 7코를 떠 주세요. 시작코에 빼뜨기를 한 뒤 2코를 이동한 다음 반복해서 떠서 8개의 꽃잎 기둥을 만들어 주세요.

03 빼뜨기를 1코 떠 준 뒤, 꽃잎 기둥에 짧은뜨기 2코-긴뜨기 2코-한길긴뜨기 3코, 기둥 끝에 한길긴뜨기 8코-한길긴뜨기 3코-긴뜨기 2코-짧은뜨기 2코, 다음 코에 빼뜨기를 반복해서 떠서 총 8개의 꽃잎을 만들어 주세요.

04 사슬 3코를 만든 뒤 꽃잎 사이에 짧은뜨기 1코를 반복해서 8개의 사슬을 만들어 주세요.

05 실 색을 변경한 뒤 사슬 1개당 한길긴뜨기 4코씩 8번 반복하여 1바퀴 떠 주세요.

06 도안을 참고해서 원형 뜨기 3단에서 5단까지 떠 주세요.

07 1코에 1코씩 5코 떠 준 뒤 꽃잎을 사진과 같이 이어 주세요. 다음은 코 늘림 없이 10코에 한 번씩 같은 방법으로 이어 줍니다.

08 도안을 참고해서 코를 줄여 가며 뒷면을 만들어 주세요. 마지막은 1코에 1번씩 감기를 해서 모아 준 뒤 마무리해 주세요. 원하는 위치에 사슬뜨기로 고리를 만들어 주세요.

09 완성입니다.

사랑꽃 수세미

난이도	완성사이즈	사용실	사용바늘
★★☆☆☆	지름 12cm	흰색, 노랑, 보라	모사용 5호 코바늘

기법
사슬뜨기, 빼뜨기, 짧은뜨기, 한길긴뜨기, 한길긴앞걸어뜨기

뜨는 순서
꽃잎 만들기 ➜ 하트 만들기 ➜ 꽃받침 만들기 ➜ 고리 뜨기

동영상 참조

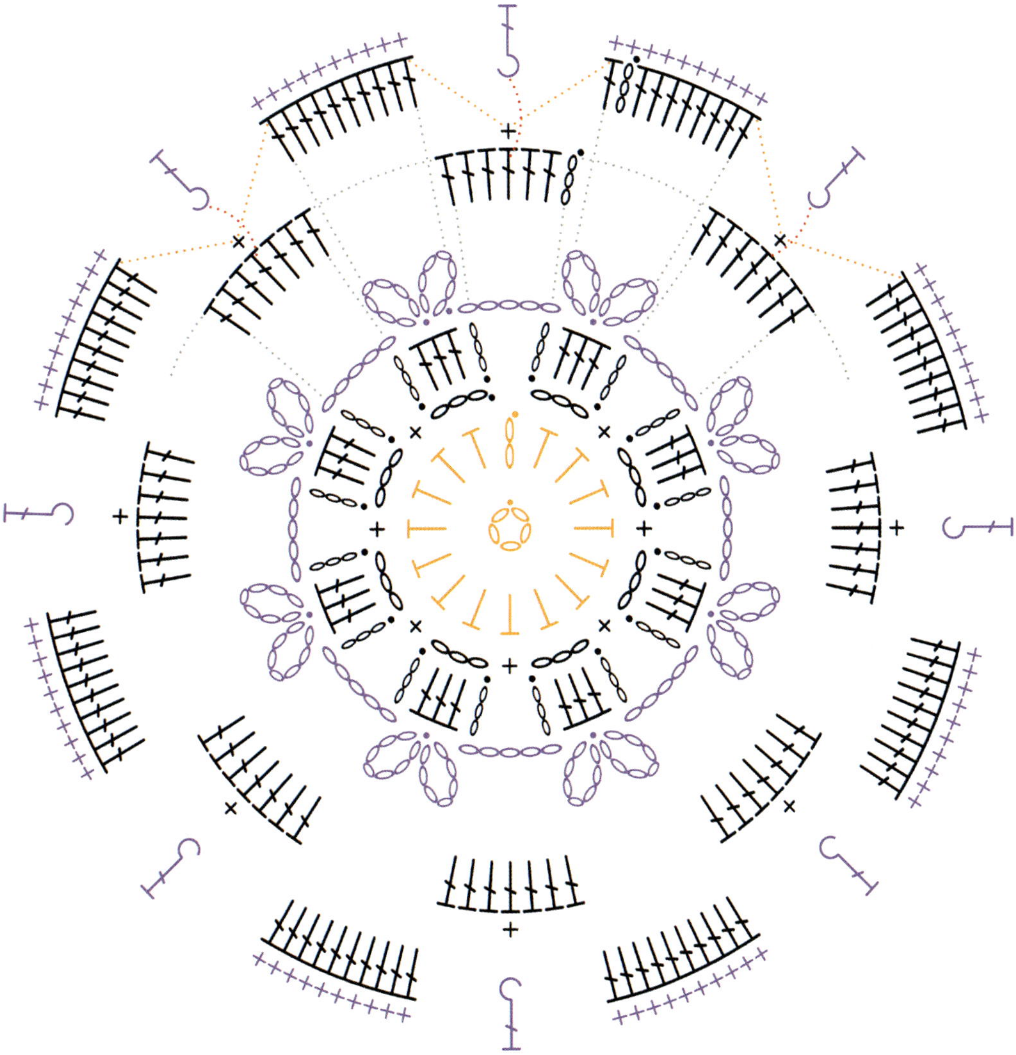

How to make

01 사슬 5코로 원을 만든 뒤 도안을 참고해서 사슬기둥코 포함 긴뜨기 16코를 떠 주세요.

02 사슬 3코를 만들어서 1코 띄우고 짧은뜨기 1코를 반복해서 떠서 사슬 8개를 만들어 주세요.

03 사슬 1개당 사슬 3코-한길긴뜨기 3코-사슬 3코를 떠 주고, 같은 자리에 빼뜨기를 한 다음 사슬코로 넘어가 주세요. 8번을 반복해서 꽃잎을 만들어 주세요.

04 꽃잎 중간에 실을 이어서 (사슬 6코, 같은 코에 빼뜨기)×2를 만든 뒤 사슬 6코를 만들고, 다음 꽃잎으로 넘어가서 반복해 주세요.

05 꽃잎 사이에 사슬 6코를 만든 곳에 한길긴뜨기 7코를 8번 반복해서 떠서 하트 모양을 만들어 주세요.

06 한길긴뜨기 7코 사이에 실을 이어 사슬 3코를 만들고, 하트 왼쪽 고리에 한길긴뜨기 1코를 떠 주세요.

07 다음 하트 오른쪽 고리에 한길긴뜨기 1코를 떠 주세요.

08 하트 뒤 한길긴뜨기 사이에 8코를 떠 준 뒤 하트 왼쪽 고리에 한길긴뜨기 1코를 과정 6~8번을 반복해서 떠 주세요.

09 짧은뜨기 10코를 떠 준 뒤 사진과 같이 한길긴 앞걸어뜨기 1코를 떠 주세요. 반복해서 1바퀴 떠 주세요.

10 고리를 만들어 주면 완성입니다.

세겹꽃 수세미

난이도	완성사이즈	사용실	사용바늘
★★☆☆☆	지름 13cm	흰색, 노랑, 하늘색, 초록	모사용 5호 코바늘

기법
사슬뜨기, 빼뜨기, 짧은뜨기, 한길긴뜨기, 두길긴뜨기, 구슬뜨기

뜨는 순서
꽃술 만들기 ➔ 꽃 만들기 ➔ 2겹 꽃 만들기 ➔ 3겹 꽃 만들기 ➔ 꽃잎 만들기 ➔ 고리 뜨기

동영상 참조

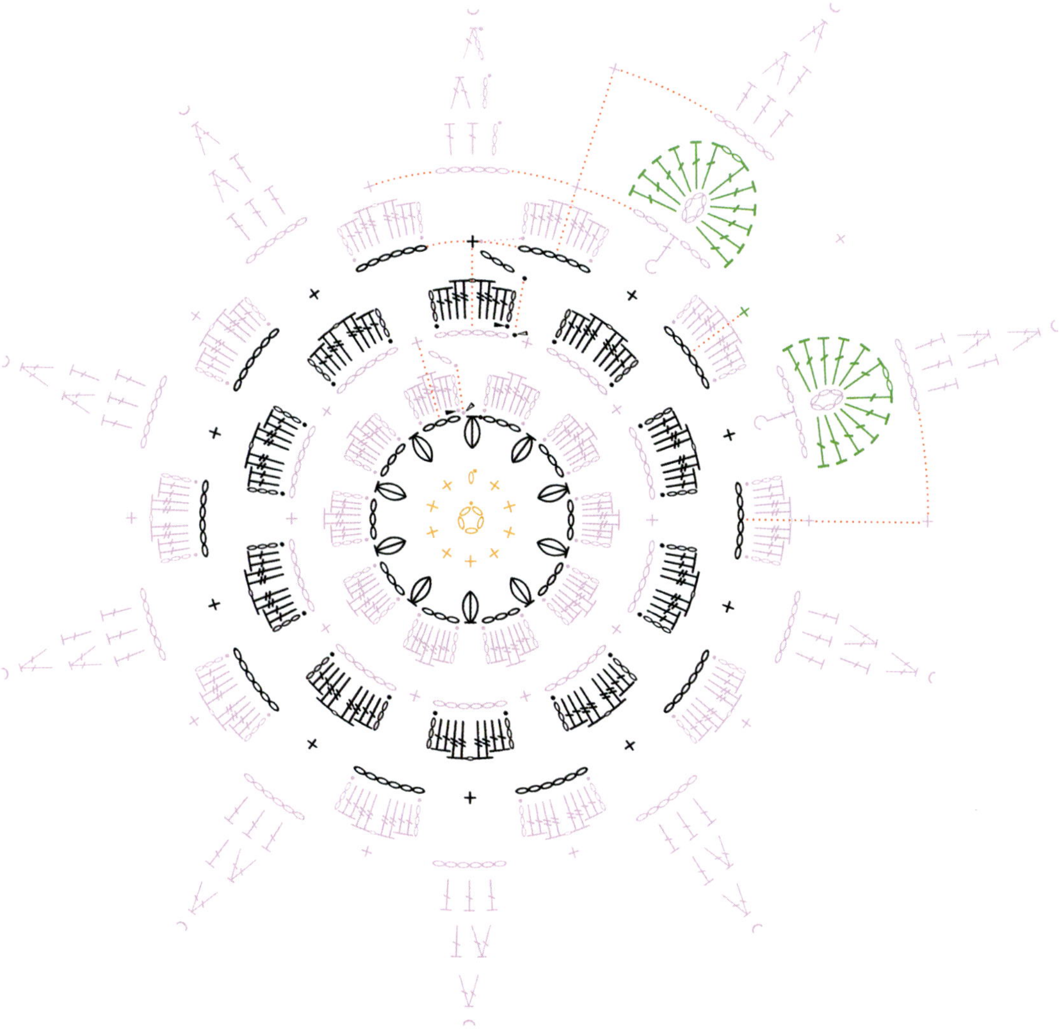

How to make

01 사슬 5코로 원을 만든 뒤 도안을 참고해서 사슬기둥코까지 짧은뜨기 10코를 떠 주세요.

02 짧은뜨기 1코에 긴3코구슬뜨기 1코-사슬 3코를 반복해서 떠서 꽃잎 10개를 만들어 주세요.

03 사슬 3코-한길긴뜨기 2코-두길긴뜨기 2코-한길긴뜨기 2코-사슬 3코를 만들고 같은 자리에 빼뜨기해 주세요. 반복해서 1바퀴 떠 주세요.

04 뒷면에 사슬 2코를 꽃잎 중간에 짧은뜨기로 1코 떠 주세요. 사슬 6코를 만든 다음 꽃잎 중간에 짧은뜨기 1코를 반복해서 1바퀴 떠 주세요.

05 사슬 3코-한길긴뜨기 2코-두길긴뜨기 2코-사슬 1코-두길긴뜨기 2코-한길긴뜨기 2코-사슬 3코를 같은 자리에 빼뜨기해 주세요. 반복해서 1바퀴 떠 주세요.

06 사슬 3코를 꽃잎 중간에 짧은뜨기로 1코 떠 주세요. 사슬 6코를 만들고, 다음 꽃잎 중간에 짧은뜨기 1코를 반복해서 1바퀴 떠 주세요.

07 과정 5번을 반복해서 1바퀴 떠 주세요.

08 과정 6번을 반복해서 1바퀴 떠 주세요. 사슬 9코를 만들어서 밑에서 3코째에 빼뜨기해 주고, 사슬 3코를 꽃잎 중간에 짧은뜨기로 1코 떠 주는 것을 2번 반복해 주세요.

09 도안을 참고해서 이파리를 만들어 주세요. 도안을 참고해서 뒷면을 마무리해 주세요.

10 원하는 위치에 고리를 만들어 주면 완성입니다.

나도바람꽃 수세미

난이도	완성사이즈	사용실	사용바늘
★★★☆☆	지름 13cm	흰색, 노랑, 연두	모사용 5호 코바늘

기법
사슬뜨기, 빼뜨기, 짧은뜨기, 한길긴뜨기, 감기

뜨는 순서
꽃잎 기둥 만들기 → 꽃잎 만들기 → 뒷면 만들기 → 고리 뜨기 → 꽃받침 만들기
→ 레이스 만들기

동영상 참조

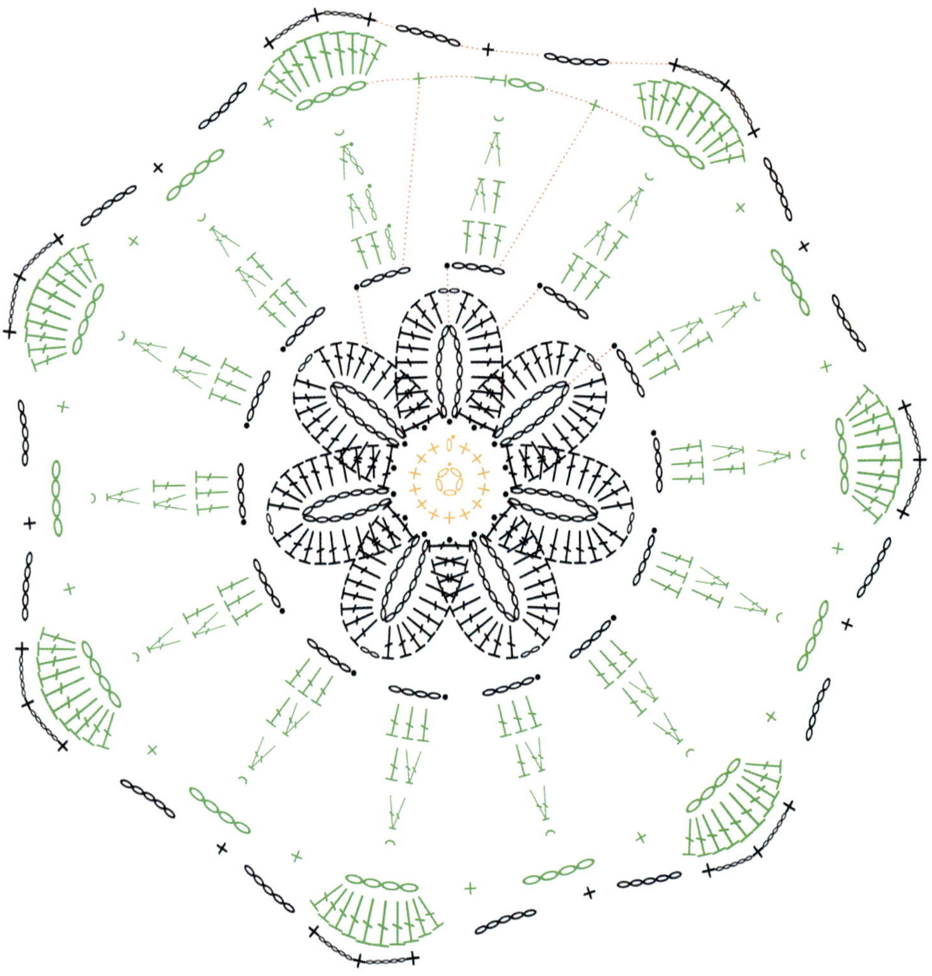

꽃잎

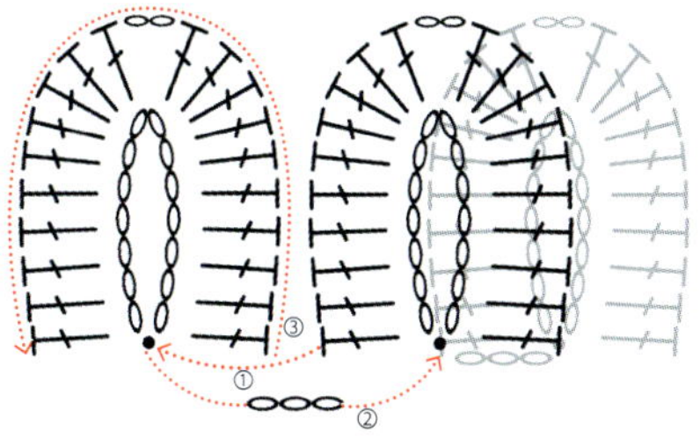

| How |
| to |
| make |

01 사슬 5코로 원을 만든 뒤 도안을 참고해서 사슬기둥코까지 짧은뜨기 14코를 떠 주세요.

02 사슬 14코를 만들고 같은 코에 빼뜨기로 2코 이동해 주세요. 반복해서 1바퀴 떠 주세요.

03 도안을 참고해서 꽃잎을 떠 주세요.

04 도안을 참고해서 뒷면에 사슬 4코씩 14개의 사슬을 만들어 주세요

05 사슬 1개당 한길긴뜨기 4코씩 1바퀴 떠 주세요.

06 도안을 참고해서 뒷면을 마무리해 주세요.

07 도안을 참고해서 사슬 4코씩 14개의 사슬을 만들어 주세요.

08 실을 사슬에 연결해서 다음 사슬에 한길긴뜨기 10코를 떠 준 뒤, 다음 사슬에 짧은뜨기를 반복해서 1바퀴 떠 주세요. 고리를 만들어 주세요.

09 꽃받침 1개당 사슬 5코씩 4번을 떠 주세요. 같은 방법으로 1바퀴 떠 주면 완성입니다.

PART 2
제이맘

모자 수세미

난이도	완성사이즈	사용실	사용바늘
★☆☆☆☆	지름 11cm	수세미실(흰색, 연보라, 애플민트, 연노랑, 살구핑크) / 아크릴실(흰색, 보라, 노랑)	모사용 5호 코바늘

:::기법
사슬쓰기, 짧은뜨기, 한길긴뜨기, 빼뜨기, 한길긴2코늘려뜨기, 두길긴3코늘려뜨기

:::뜨는 순서
매직링 만들기 ➡ 모자 뜨기 ➡ 고리 뜨기 ➡ 리본끈 달기

동영상 참조

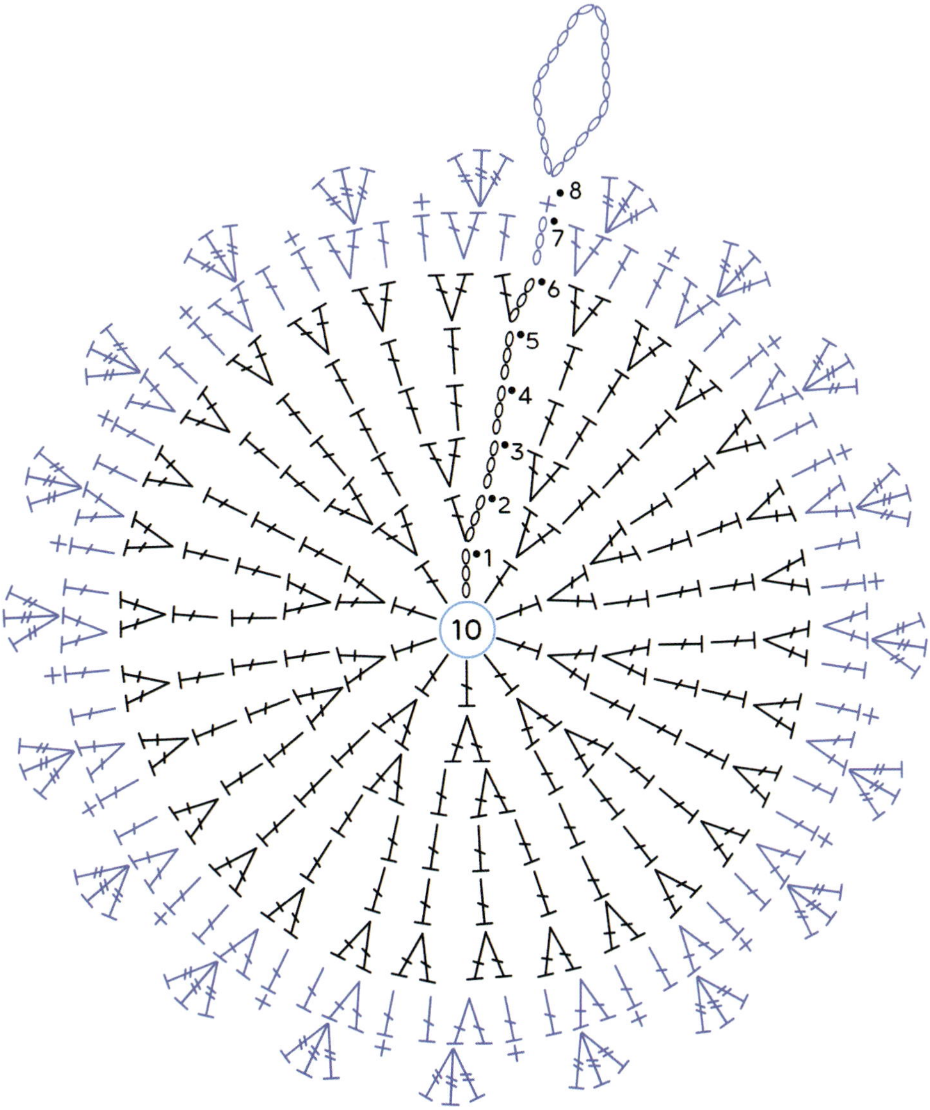

How to make

단수	1	2	3	4	5	6	7	8
콧수	10	20	30	30	30	60	80	80

01 매직링을 만들고 도안대로 5단까지 떠 주세요.

02 6단 마무리할 때 다른 색 실로 바꿔 빼뜨기해 주세요.

03 바꾼 색 실로 도안대로 8단까지 떠 주세요.

04 사슬뜨기로 수세미 고리를 만들어 주세요.

05 5단에 리본을 달아 주세요. 리본 끈은 2개의 코(다리) 아래로 넣어 안 보이게, 3개의 코(다리) 위로 보이게 넣는 것을 반복해서 달아 주세요.

06 양쪽 끈을 묶어 리본을 만들어 주세요.

가방 수세미

난이도	완성사이즈	사용실	사용바늘
★☆☆☆☆	세로 9.5cm(가방끈 제외)	수세미실(연보라, 민트, 연노랑, 연핑크)	모사용 5호 코바늘

기법
사슬쓰기, 짧은뜨기, 한길긴뜨기, 빼뜨기, 한길긴2코늘려뜨기

뜨는 순서
사슬코 만들기 ➡ 가방 뜨기 ➡ 가방끈 뜨기

동영상 참조

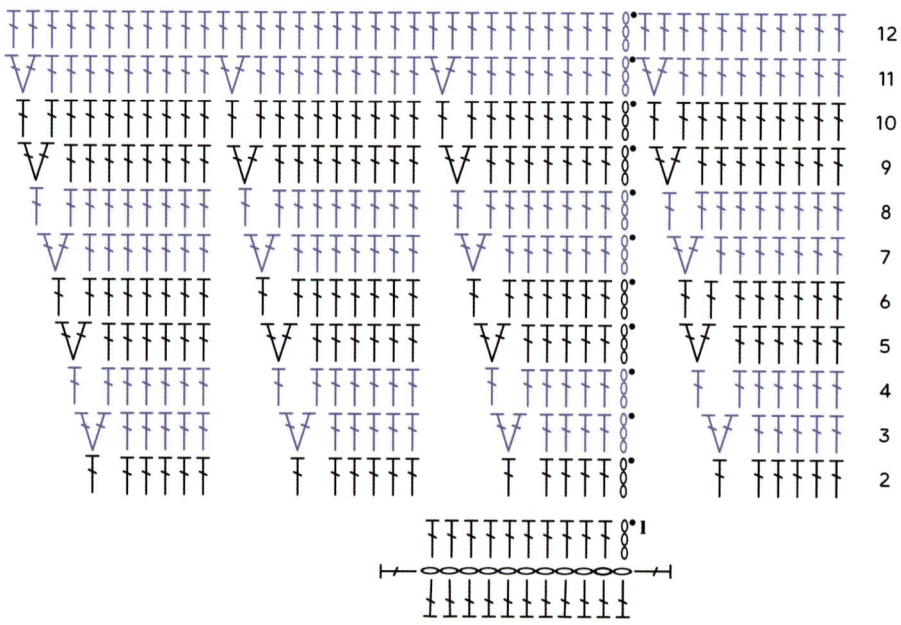

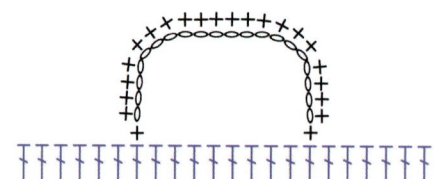

How to make

단수	1	2	3	4	5	6	7	8	9	10	11	12
콧수	24	24	28	28	32	32	36	36	40	40	44	44

01 사슬뜨기 11번으로 시작코를 만들어 주세요.

02 사슬뜨기 3번으로 기둥코를 떠 주세요.

03 기둥코 포함 5번째 사슬(사슬코는 2번째)부터 마지막 사슬까지 도안대로 한길긴뜨기를 해서 1단을 떠 주세요.

04 도안대로 같은 색 실로 2단씩 뜨는 것을 반복해서 12단까지 떠서 가방을 만들어 주세요.

05 가방 마지막 단에 사슬뜨기 20번으로 가방끈을 만들어 주세요.

06 가방끈의 사슬마다 짧은뜨기를 1번씩 해 주세요. (반대쪽에서도 같은 방법으로 끈을 만들어 주세요.)

도넛 수세미

난이도	완성사이즈	사용실	사용바늘
★★☆☆☆	바깥지름 11cm	수세미실(카멜, 크림베이지, 아이보리, 연핑크) / 면실(민트, 노랑, 체리핑크, 코랄)	모사용 5호 코바늘

기법
사슬쓰기, 한길긴뜨기, 빼뜨기, 한길긴2코늘려뜨기, 한길긴2코모아뜨기

뜨는 순서
사슬뜨기 원형코 만들기 ➜ 윗면 뜨기 ➜ 장식하기 ➜ 아랫면 뜨기 ➜ 돗바늘로 가운데 연결하기

동영상 참조

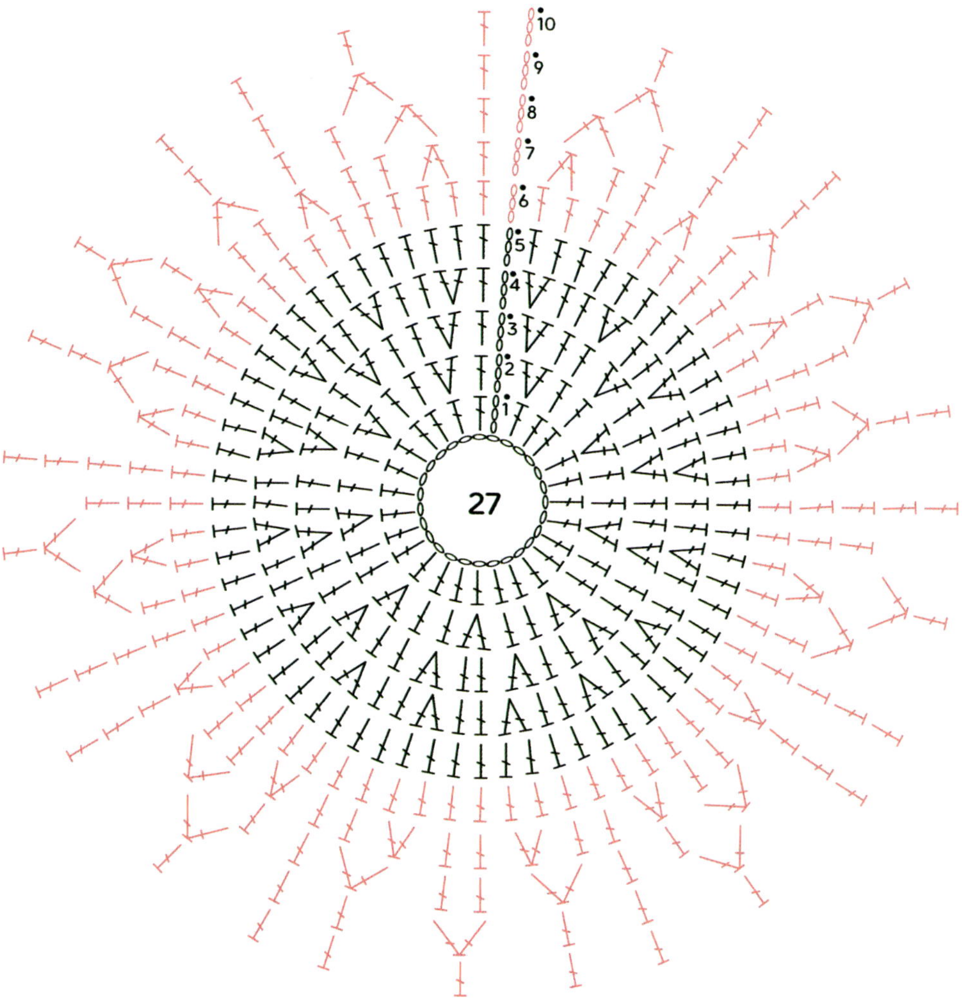

How to make

단수	1	2	3	4	5	6	7	8	9	10
콧수	27	36	48	64	64	64	48	36	27	27

01 사슬뜨기 27번을 하고, 1번째 사슬코에 바늘을 넣고 빼뜨기해 주세요.

02 사슬 3개로 기둥코를 뜨고, 사슬마다 한길긴뜨기를 1번씩 해서 1단을 떠 주세요.

03 도안대로 5단까지 뜨고, 5단 마무리할 때 다른 색 실로 바꿔 빼뜨기해 주세요.

04 6단까지 뜬 후 도넛 모양 윗면에 자유롭게 장식해 주세요. 장식한 실 끝은 서로 묶어 정리해 주세요.

05 도안대로 마지막 단까지 떠 주세요.

06 돗바늘을 사용해서 가운데 부분을 연결해서 마무리해 주세요.

구슬 수세미

난이도	완성사이즈	사용실	사용바늘
★★☆☆	지름 10cm	수세미실(흰색, 연보라, 보라, 진하늘색, 파랑, 피치핑크, 자몽핑크, 연노랑, 머스터드)	모사용 5호 코바늘

기법
사슬쓰기, 한길긴뜨기, 빼뜨기, 한길긴2코늘려뜨기, 한길긴2코모아뜨기, 한길긴3코구슬뜨기

뜨는 순서
매직링 만들기 ➡ 중심 뜨기(1~2단) ➡ 구슬 모양 뜨기(3단) ➡ 바탕 뜨기

동영상 참조

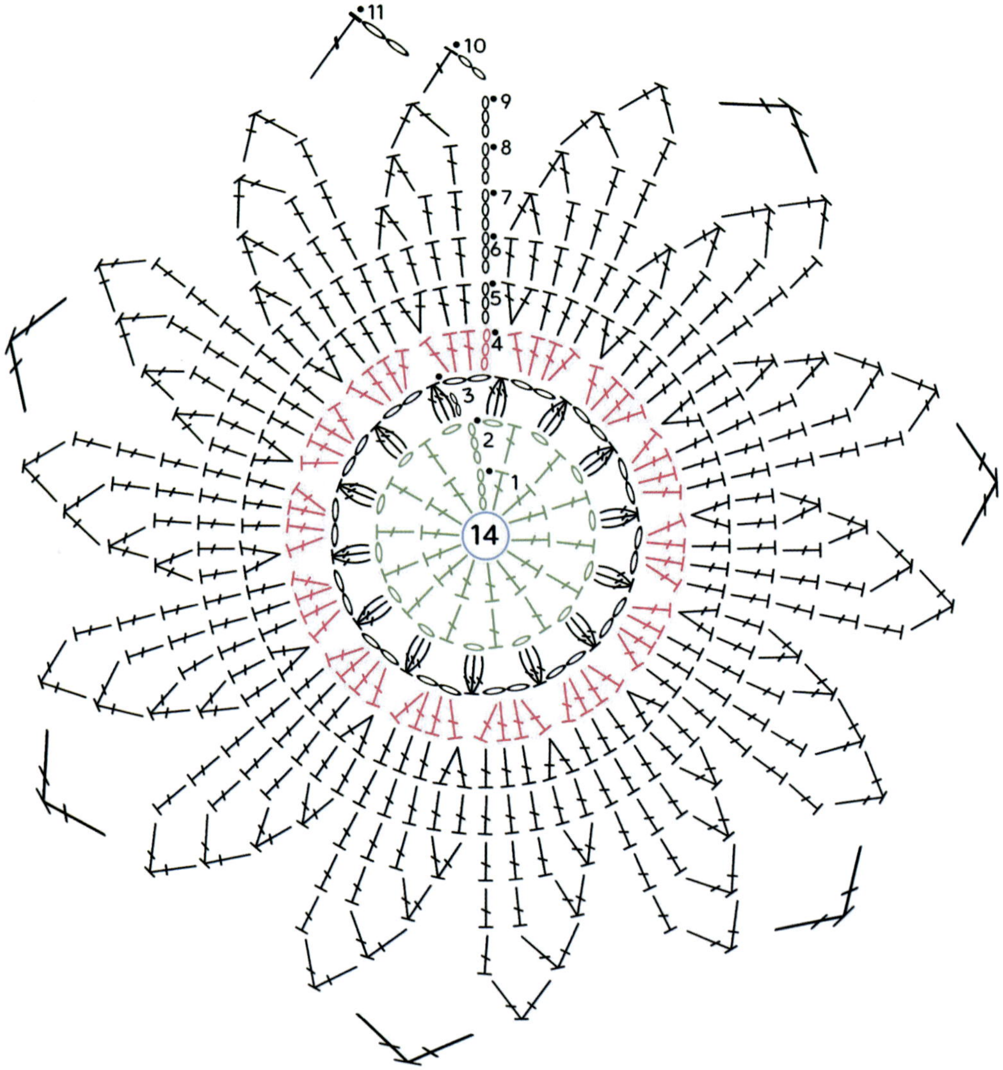

How to make

01 매직링을 만들고 도안대로 2단까지 떠 주세요.

02 2단의 첫 사슬 아래에 사슬뜨기 2번으로 기둥 코를 만들고, 한길긴3코구슬뜨기를 1번 뜬 뒤, 사슬뜨기를 2번 떠 주세요.

03 나머지 사슬 아래마다 도안대로 한길긴3코구 슬뜨기를 하고, 사슬뜨기를 2번 떠 주세요.

04 다른 색 실로 바꿔 3단의 첫 사슬 아래에 사슬 뜨기 3번으로 기둥코를 만들고, 한길긴뜨기를 3번 떠 주세요.

05 나머지 사슬 아래에는 한길긴뜨기를 4번씩 떠 주세요.

06 다른 색 실로 바꿔 도안대로 5단부터 11단까지 떠 주세요.

하트 수세미

난이도	완성사이즈	사용실	사용바늘
★★☆☆☆	가로 10cm × 세로 11cm	수세미실(살구핑크, 연핑크, 핫핑크, 자몽핑크, 자주, 형광핑크, 진하늘색)	모사용 5호 코바늘

기법
사슬뜨기, 한길긴뜨기, 빼뜨기, 한길긴2코늘려뜨기, 한길긴2코모아뜨기

뜨는 순서
매직링 만들기 ➔ 하트 아랫부분 뜨기(1~10단) ➔ 1번째 하트 봉우리 뜨기 ➔
2번째 하트 봉우리 뜨기

동영상 참조

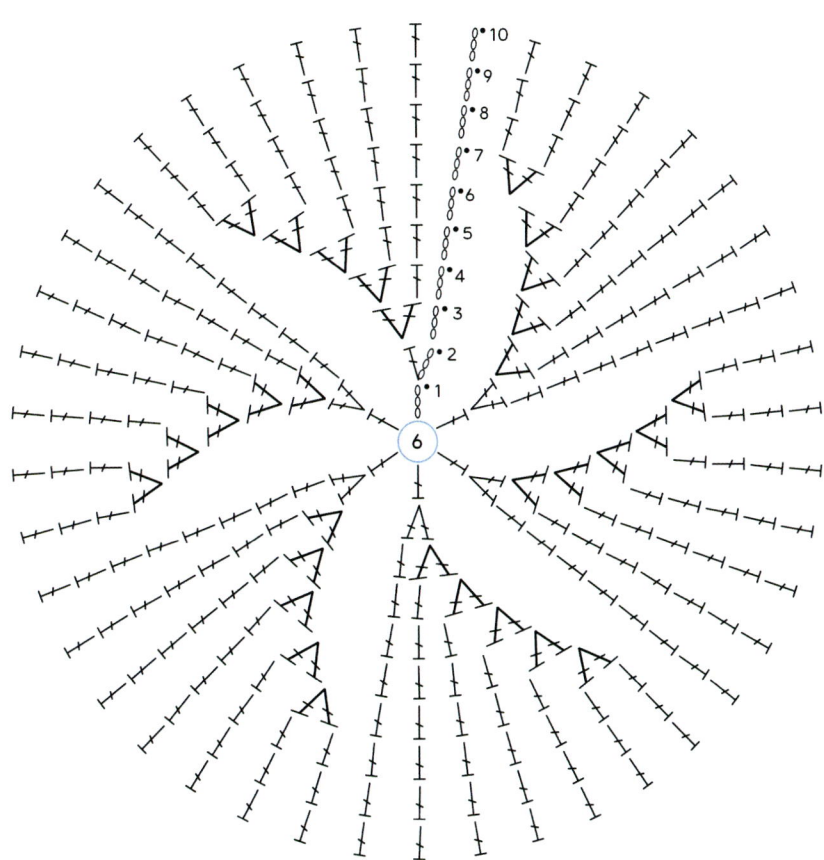

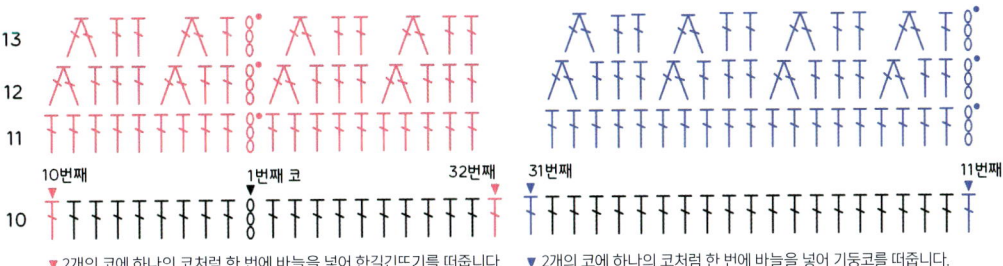

▼ 2개의 코에 하나의 코처럼 한 번에 바늘을 넣어 한길긴뜨기를 떠줍니다.   ▼ 2개의 코에 하나의 코처럼 한 번에 바늘을 넣어 기둥코를 떠줍니다.

How to make

단수	1	2	3	4	5	6	7	8	9	10	11	12	13
콧수	6	12	18	24	30	36	42	42	42	42	20 / 20	16 / 16	12 / 12

01 매직링을 만들고 사슬뜨기 3번으로 기둥코를 만들어 주세요. 한길긴뜨기 5번을 해서 1단을 떠 주세요.

02 도안대로 10단까지 떠 주세요.

03 11단에서 첫 하트 봉우리를 만들어 주세요. 도안대로 한길긴뜨기를 1코마다 1번씩 뜨다가, 10번째 코와 32번째 코(뒤에서는 11번째 코)를 하나의 코처럼 겹쳐 바늘을 한 번에 넣어 한길긴뜨기를 떠 주세요.

04 33번째 코부터 마지막 코까지 한길긴뜨기를 1번씩 해서 첫 하트 봉우리의 1번째 단을 떠 주세요.

05 첫 하트 봉우리의 2번째, 3번째 단(도안 12단, 13단)을 도안대로 떠 주세요.

06 2번째 하트 봉우리를 만들어 주세요. 겹쳐진 수세미의 안쪽 코 2개를 하나의 코처럼 겹쳐 바늘을 한 번에 넣어 기둥코(사슬뜨기 3번)를 떠 주세요.

07 나머지 코에 한길긴뜨기를 1번씩 뜬 후 2번째 하트 봉우리의 1번째 단을 마무리해 주세요.

08 2번째 하트 봉우리의 2번째 단과 3번째 단(도안 12단, 13단)을 도안대로 떠 주세요.

꽃하트 수세미

난이도	완성사이즈	사용실	사용바늘
★★☆☆	지름 9.5cm	수세미실(흰색, 연노랑, 귤색, 민트, 진하늘색, 연핑크, 자몽핑크, 애플민트, 인디언그린)	모사용 5호 코바늘

기법
사슬쓰기, 한길긴뜨기, 빼뜨기, 한길긴2코모아뜨기, 한길긴3코구슬뜨기

뜨는 순서
매직링 만들기 ➡ 꽃 모양 뜨기(1단) ➡ 하트 모양 뜨기(2~3단) ➡ 바탕 뜨기

동영상 참조

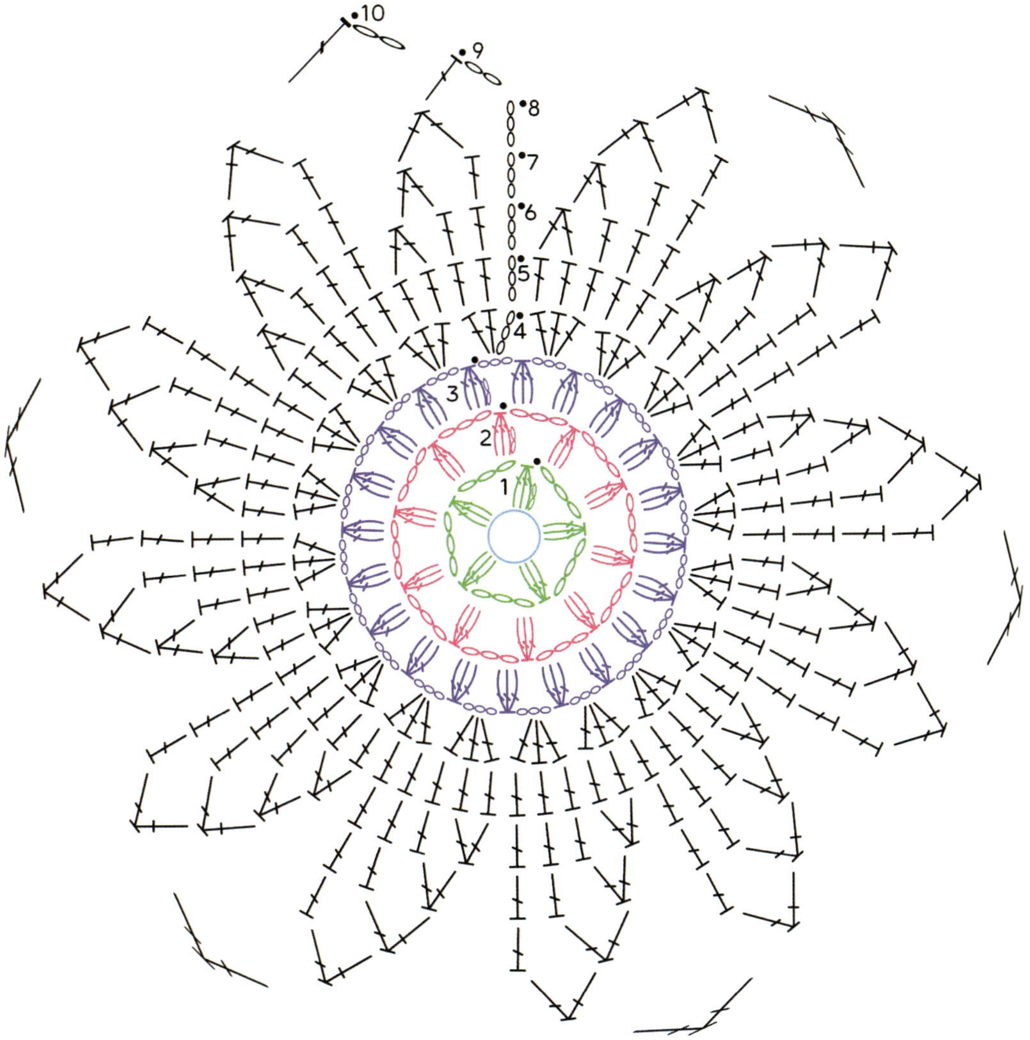

How to make

01 매직링을 만들고 도안대로 1단을 떠서 꽃 모양을 만들어 주세요.

02 다른 색 실로 바꿔 1단의 첫 사슬 아래에 도안대로 떠서 하트 모양 1개를 만들고, 사슬뜨기를 3번 해 주세요.

03 나머지 사슬 아래에도 도안대로 한길긴3코구슬뜨기와 사슬뜨기로 하트 모양을 만들어 주세요.

04 다른 색 실로 바꿔 2단의 첫 사슬 아래에 도안대로 떠서 하트 모양 1개를 만들고, 사슬뜨기를 3번 해 주세요.

05 나머지 사슬 아래에도 도안대로 한길긴3코구슬뜨기와 사슬뜨기로 하트 모양을 만들어 주세요.

06 다른 색 실로 바꿔 3단의 사슬 아래에 사슬뜨기 3번으로 기둥코를 뜨고, 한길긴뜨기를 2번 떠 주세요.

07 나머지 사슬 아래에는 한길긴뜨기를 3번씩 해서 4단을 떠 주세요.

08 도안대로 5단부터 10단까지 떠 주세요.

꽃 수세미

난이도	완성사이즈	사용실	사용바늘
★★☆☆☆	지름 10cm	수세미실(흰색, 노랑, 연두, 민트, 귤색, 올리브, 연노랑, 인디핑크, 인디언그린, 크림베이지)	모사용 5호 코바늘

기법
사슬뜨기, 짧은뜨기, 긴뜨기, 한길긴뜨기, 빼뜨기, 한길긴2코늘려뜨기,
한길긴2코모아뜨기, 두길긴3코구슬뜨기

뜨는 순서
매직링 만들기 ➡ 꽃 중심 뜨기(1단) ➡ 꽃잎 뜨기(2단) ➡ 바탕 뜨기

동영상 참조

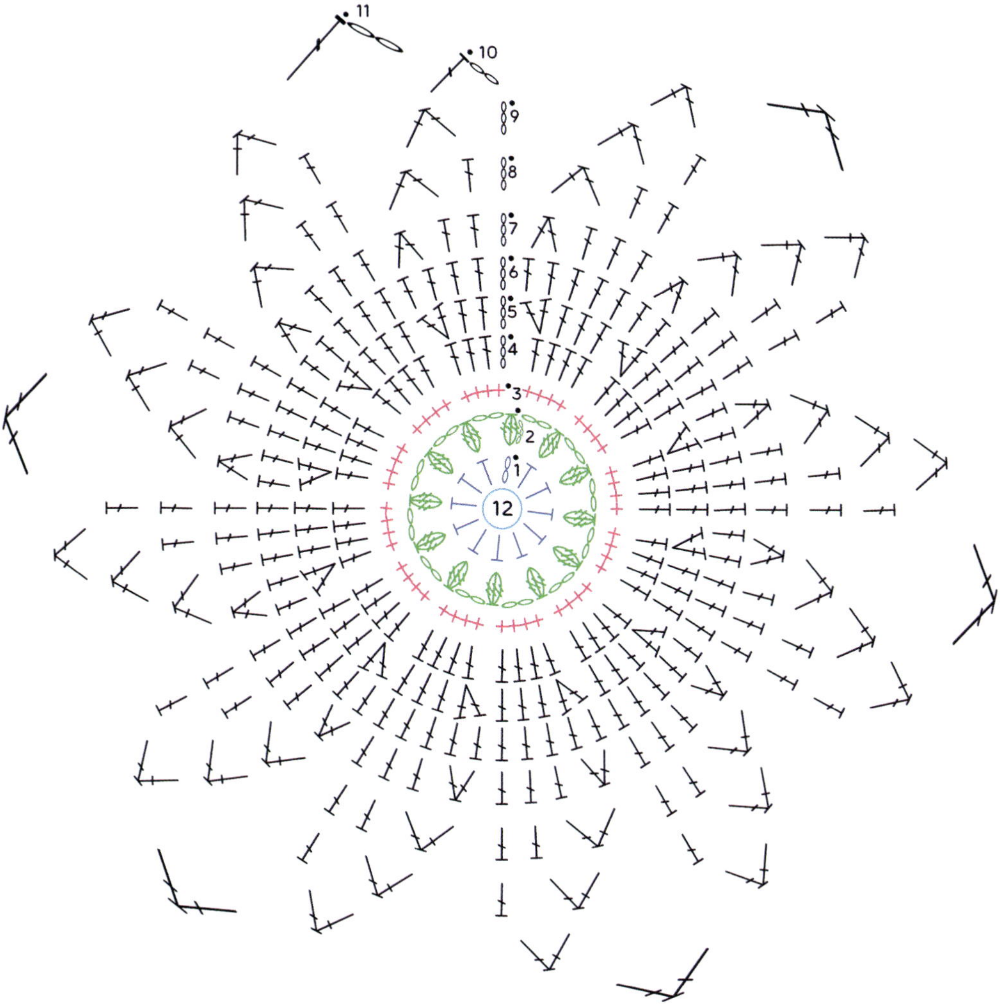

How to make

01 매직링을 만들고 도안대로 1단을 떠 주세요.

02 1단을 마무리할 때 다른 색 실로 바꿔 빼뜨기 해 주세요.

03 바꾼 색 실로 도안대로 2단을 떠서 꽃잎을 만들어 주세요.

04 다시 다른 색 실로 바꿔 꽃잎 사이 사슬 아래마다 짧은뜨기를 4번씩 떠 주세요.

05 　3단 마무리할 때 다른 색 실로 바꿔 빼뜨기해 주세요.

06 　3단의 짧은뜨기 코마다 한길긴뜨기를 1번씩 떠 주세요.

07 　도안대로 5단부터 11단까지 떠 주세요.

돼지 수세미

난이도	완성사이즈	사용실	사용바늘
★★☆☆☆	지름 9.5cm	수세미실(자몽핑크, 연핑크, 민트, 연보라, 파랑) / 면실(밤색)	모사용 5호 코바늘

기법
사슬뜨기, 짧은뜨기, 한길긴뜨기, 빼뜨기, 한길긴2코늘려뜨기, 한길긴2코모아뜨기, 두길긴2코늘려뜨기

뜨는 순서
매직링 만들기 ➡ 코 뜨기(1~3단) ➡ 얼굴 뜨기(4~5단) ➡ 귀, 바탕 뜨기(6단) ➡
눈, 코 만들기 ➡ 바탕 뜨기

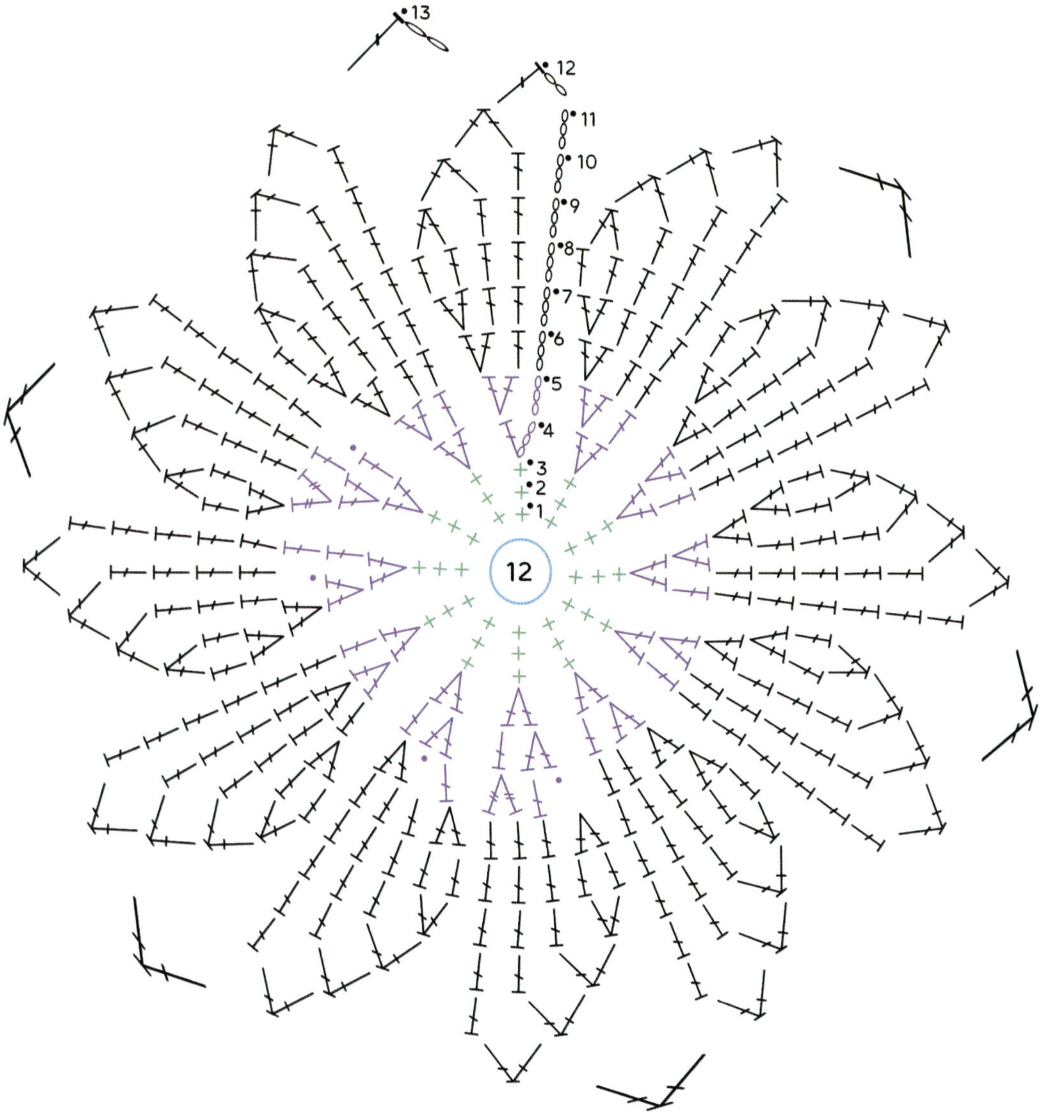

동영상 참조

How to make

단수	1	2	3	4	5	6	7	8	9	10	11	12	13
콧수	12	12	12	24	36	48	60	60	48	36	24	12	6

01 매직링을 만들고 도안대로 2단까지 떠 주세요.

02 3단 마무리할 때 다른 색 실로 바꿔 빼뜨기해 주세요.

03 도안대로 5단까지 뜨고, 5단 마무리할 때 다른 색으로 실을 바꿔 빼뜨기해 주세요. TIP 5단에서 얼굴을 떴던 실은 자르지 않고, 6단에서 귀를 뜰 때 다시 사용해 주세요.

04 바꾼 실로 6단을 뜨다가, 얼굴을 떴던 실로 바꿔 1번째 귀를 떠 주세요.

05 도안대로 다시 바탕을 뜨다가, 얼굴을 떴던 실로 바꿔 2번째 귀를 떠 주세요.

06 바탕실로 6단의 나머지를 떠 주세요.

07 눈, 코 모양을 만들어 주세요.

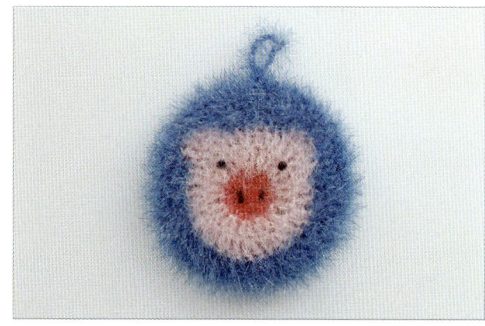

08 7단부터 13단까지 뜨고, 고리를 만들어 주세요.

곰 수세미

난이도	완성사이즈	사용실	사용바늘
★★☆☆☆	지름 10cm	수세미실(흰색, 카멜, 크림베이지, 카키베이지, 하늘색, 연보라, 애플민트) / 면실(차콜)	모사용 5호 코바늘

기법
사슬쓰기, 짧은 뜨기, 한길긴뜨기, 두길긴뜨기, 빼뜨기, 한길긴2코늘려뜨기, 한길긴2코모아뜨기

뜨는 순서
매직링 만들기 ➡ 코 뜨기(1단) ➡ 얼굴 뜨기(2~3단) ➡ 귀, 바탕 뜨기(4단) ➡ 눈, 코 만들기 ➡ 바탕 뜨기

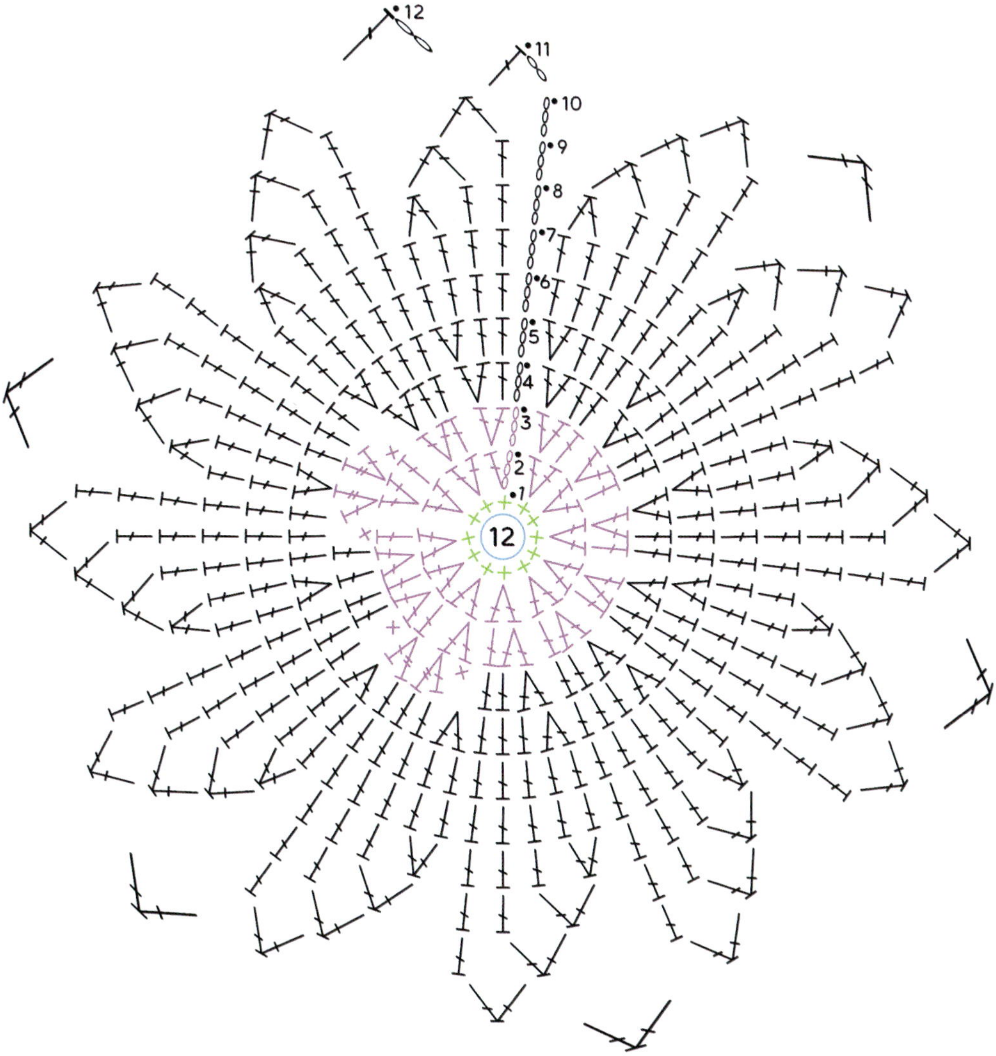

동영상 참조

How to make

단수	1	2	3	4	5	6	7	8	9	10	11	12
콧수	12	24	36	48	60	60	60	48	36	24	12	6

01 매직링을 만들고 도안대로 1단을 떠 주세요.

02 1단을 마무리할 때 다른 색 실로 바꿔 빼뜨기 해 주세요.

03 바꾼 실로 3단까지 뜨고 3단 마무리할 때 다른 색으로 실을 바꿔 빼뜨기해 주세요. TIP 3단에서 얼굴을 떴던 실은 자르지 않고, 4단에서 귀를 뜰 때 다시 사용해 주세요.

04 바꾼 실로 4단을 뜨다가, 얼굴을 떴던 실로 바꿔 1번째 귀를 떠 주세요.

05 도안대로 다시 바탕을 뜨다가, 얼굴을 떴던 실로 바꿔 2번째 귀를 떠 주세요.

06 바탕실로 4단의 나머지를 떠 주세요.

07 눈, 코 모양을 만들어 주세요.

08 5단부터 12단까지 뜨고, 고리를 만들어 주세요.

벚꽃 수세미

난이도	완성사이즈	사용실	사용바늘
★★★☆☆	지름 9cm	수세미실(머스터드, 흰색, 연핑크, 애플민트, 자몽핑크, 연노랑)	모사용 5호 코바늘

• 기법
사슬뜨기, 짧은뜨기, 한길긴뜨기, 두길긴뜨기, 빼뜨기, 한길긴2코늘려뜨기, 한길긴2코모아뜨기

• 뜨는 순서
매직링 만들기 ➔ 꽃 중심 뜨기 ➔ 꽃잎 뜨기 ➔ 바탕 뜨기

동영상 참조

How to make

01 매직링을 만들고 도안대로 1단을 떠 주세요.

02 다른 색 실로 바꿔 1단의 첫 사슬 아래에 사슬뜨기 3번으로 기둥코를 만들고 한길긴뜨기를 4번 떠 주세요.

03 나머지 사슬 아래에는 한길긴뜨기를 5번씩 떠 주세요.

04 다시 다른 색 실로 바꿔 1단 사슬 아래에 짧은뜨기를 1번 떠 주세요.

05 2단의 2, 3, 4번째 코에 도안대로 떠 주세요.

06 과정 4번과 5번을 반복해서 3단을 떠 주세요.

07 다른 색 실로 바꿔 3단의 두길긴뜨기 사이 사슬 아래에 짧은뜨기-사슬뜨기 5번 뜨는 것을 도안대로 반복해 주세요.

08 4단 마무리 빼뜨기한 후 기둥코를 떠 주세요.

09 기둥코를 뜬 후 사슬 아래마다 한길긴뜨기를 7번씩 총 35코를 떠 주세요. TIP 8번에서 뜬 기둥코를 포함하면 5단은 36코가 됩니다.

10 도안대로 6단부터 12단까지 떠 주세요.

복주머니 수세미

난이도	완성사이즈	사용실	사용바늘
★☆☆☆☆	높이 8cm, 바닥지름 7.5cm	수세미실(진하늘색, 머스터드, 크림베이지, 인디언핑크, 흰색, 민트, 하늘색, 피치핑크, 연노랑)	모사용 5호 코바늘

기법
사슬쓰기, 짧은뜨기, 한길긴뜨기, 빼뜨기, 짧은2코늘려뜨기, 한길긴5코늘려뜨기

뜨는 순서
매직링 만들기 ➔ 복주머니 뜨기 ➔ 끈 뜨기 ➔ 끈 달기

동영상 참조

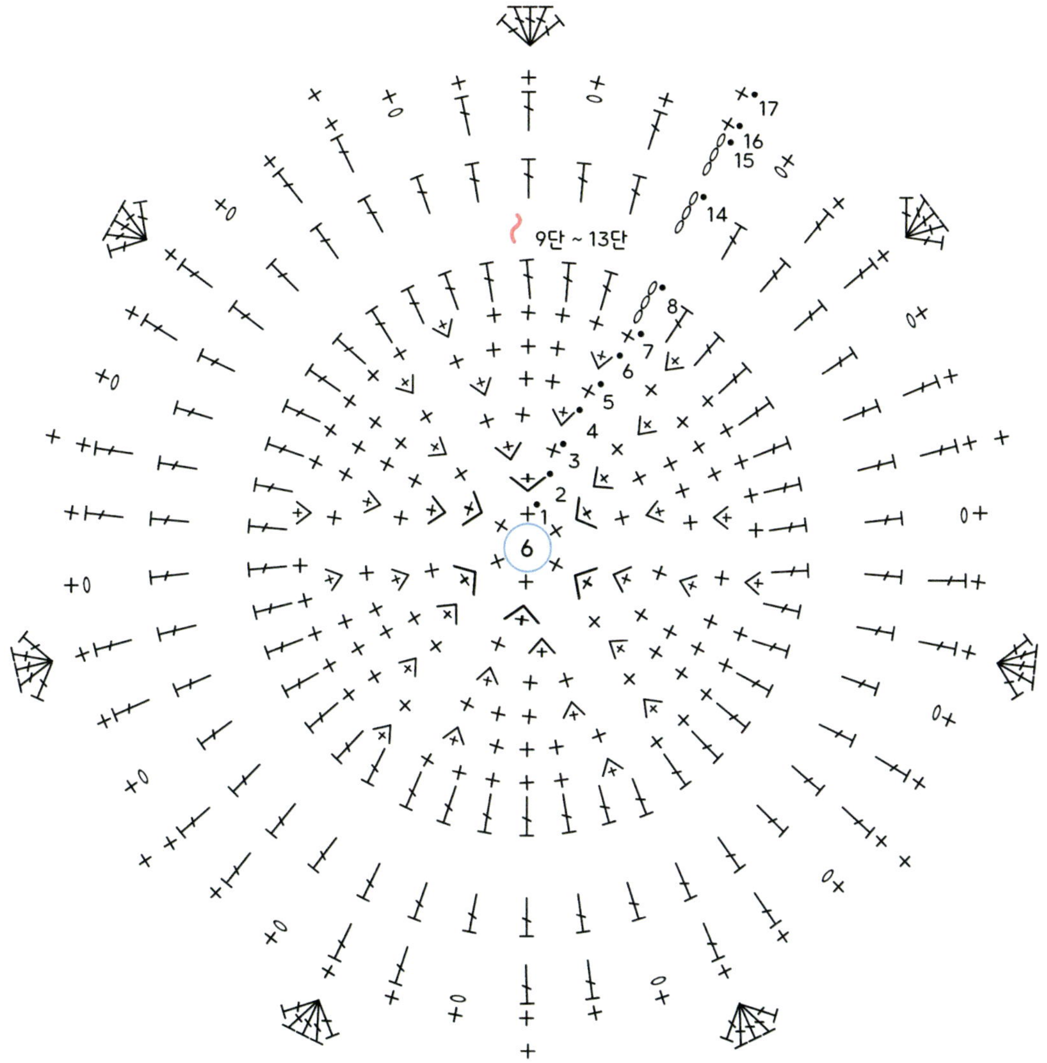

| How |
| to |
| make |

01 매직링을 만들고 도안대로 8단까지 떠 주세요.

02 코마다 한길긴뜨기 1번씩 6단(9~14단)을 떠 주세요. 도안대로 15단을 떠서 끈을 끼울 단을 만들어 주세요.

03 15단의 한길긴뜨기 코와 사슬 아래마다 짧은 뜨기를 1번씩 떠 주세요.

04 도안대로 17단을 떠서 복주머니를 완성해 주세요.

05 사슬뜨기 40번으로 똑같은 끈 2개를 만들어 주세요.

06 15단에 1번째 끈을 끼웁니다.

07 먼저 끼운 끈과 엇갈려서 2번째 끈을 끼웁니다.

08 양쪽 실 끝은 서로 묶어 준 후 실 끝은 가위로 잘라 정리해 주세요.

한겹꽃잎 수세미

난이도	완성사이즈	사용실	사용바늘
★★☆☆☆	지름 12cm	수세미실(흰색, 형광핑크, 연핑크, 핫핑크, 살구핑크, 자몽핑크, 연노랑, 귤색, 노랑)	모사용 6호 코바늘

기법
시슬쓰기, 짧은뜨기, 긴뜨기, 한길긴뜨기, 빼뜨기, 짧은2코늘려뜨기

뜨는 순서
꽃 중심 뜨기 ➡ 꽃잎 뜨기 ➡ 고리 뜨기

동영상 참조

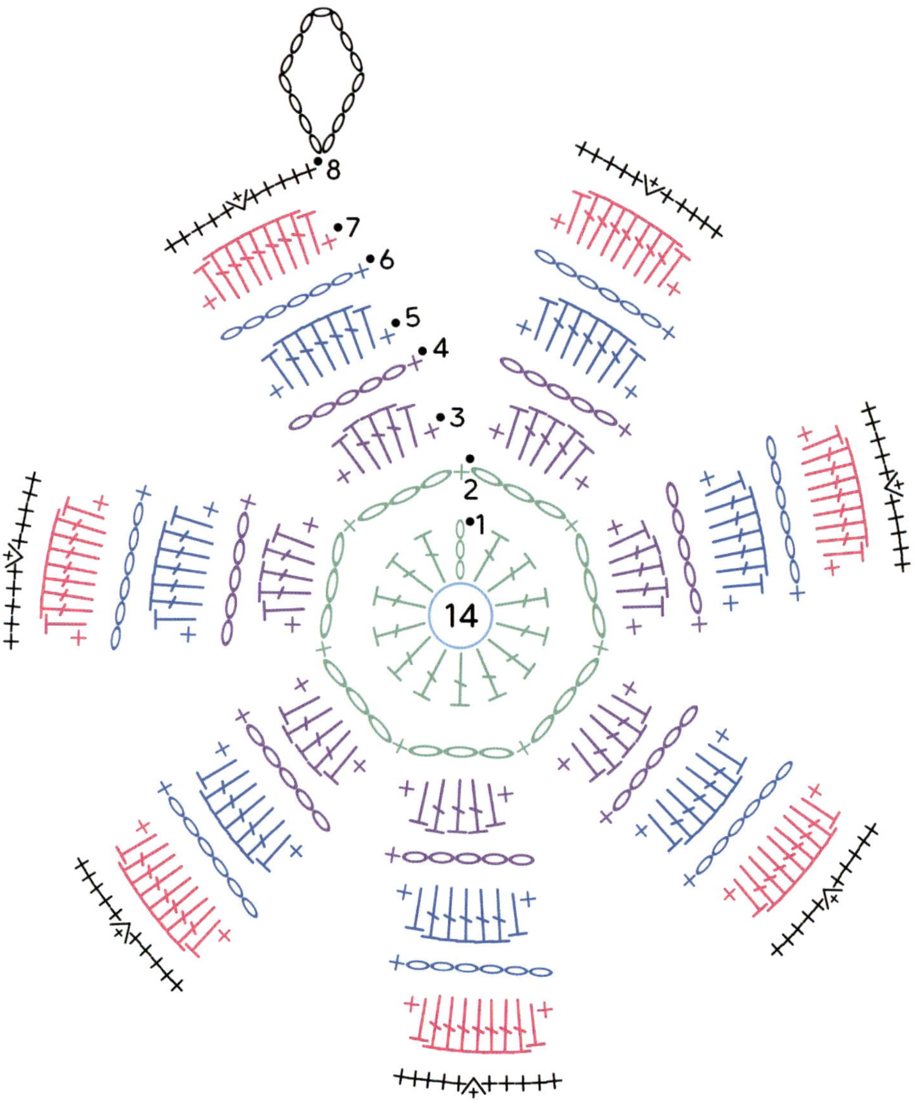

How to make

01 매직링을 만들고 도안대로 1단을 떠 주세요.

02 도안대로 2단을 떠 주세요.

03 다른 색 실로 바꿔 2단 사슬 아래에 도안대로 3단을 떠 주세요.

04 도안대로 3단의 짧은뜨기 코에 짧은뜨기-사슬뜨기 5번 뜨는 것을 반복해서 4단을 떠 주세요.

05 다른 색 실로 바꿔 4단 사슬 아래에 도안대로 5단을 떠 주세요.

06 도안대로 5단의 짧은뜨기 코에 짧은뜨기-사슬뜨기 6번 뜨는 것을 반복해서 6단을 떠 주세요.

07 다른 색 실로 바꿔 6단 사슬 아래에도 도안대로 7단을 떠 주세요.

08 7단 마무리할 때 다른 색 실로 바꿔 빼뜨기해 주세요.

09 바꾼 색 실로 8단을 떠서 꽃잎 모양을 완성해 주세요.

10 꽃잎 모양을 다 만든 후 사슬 15개로 고리를 만들어 주세요.

PART 3
지혜로운사자

동그리꽃 수세미

난이도	완성사이즈	사용실	사용바늘
★☆☆☆☆	지름 11cm	웰빙수세미 22번, 24번, 49번, 75번, 77번, 86번, 87번 / 크림수세미 4번, 5번, 10번, 13번, 20번	모사용 6호 코바늘

기법
매직링, 사슬뜨기, 짧은뜨기, 긴뜨기, 한길긴뜨기, 한길긴2코늘려뜨기, 한길긴뜨기줄이기, 짧은뜨기줄이기, 되돌아짧은뜨기, 한길긴앞걸어뜨기, 한길긴앞걸어2코늘려뜨기, 빼뜨기

뜨는 순서
꽃 만들기 ➔ 꽃잎 뒤쪽에 바탕 뜨기 ➔ 7단까지 뜬 후 잎사귀 만들기 ➔ 남은 바탕 뜨기

동영상 참조

전체 도안

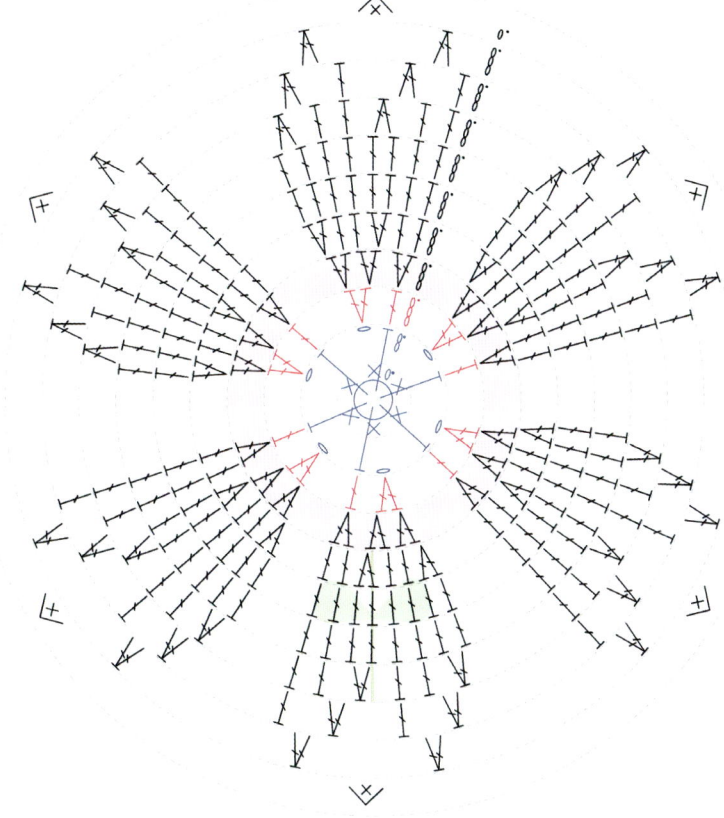

꽃

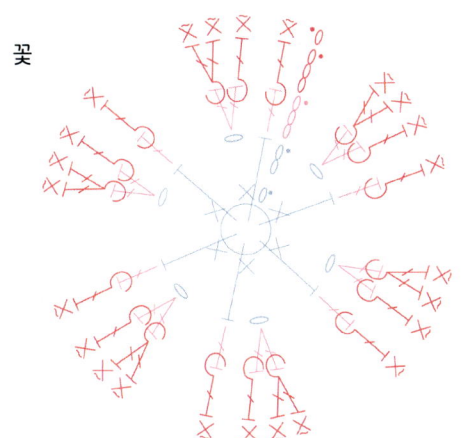

잎사귀

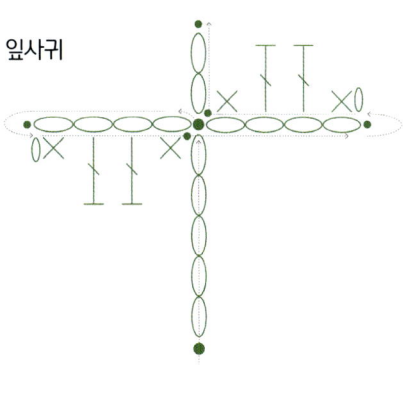

How to make

01 바탕 부분은 꽃 뒤쪽의 짧은뜨기 부분에 떠 주세요.

02 잎사귀 부분은 7단까지 뜬 후 6단과 7단 사이에 새롭게 실을 연결해서 떠 주세요.

해바라기 수세미

난이도	완성사이즈	사용실	사용바늘
★★☆☆☆	지름 11cm	웰빙수세미 18번, 54번, 26번 / 크림수세미 5번, 10번, 14번, 30번 / 컬러풀수세미 08번	모사용 6호 코바늘

기법
매직링, 사슬뜨기, 짧은뜨기, 짧은뜨기늘리기, 짧은2코모아뜨기, 긴뜨기, 한길긴이랑2코늘려뜨기, 한길긴뜨기, 한길긴2코늘려뜨기, 한길긴2코모아뜨기, 두길긴뜨기, 빼뜨기의 피코뜨기, 빼뜨기

뜨는 순서
가운데 심지 만들기 ➡ 꽃 만들기 ➡ 7단 바탕까지 뜨기 ➡ 잎사귀 만들기 ➡ 남은 바탕 뜨고 마무리

동영상 참조

전체 도안

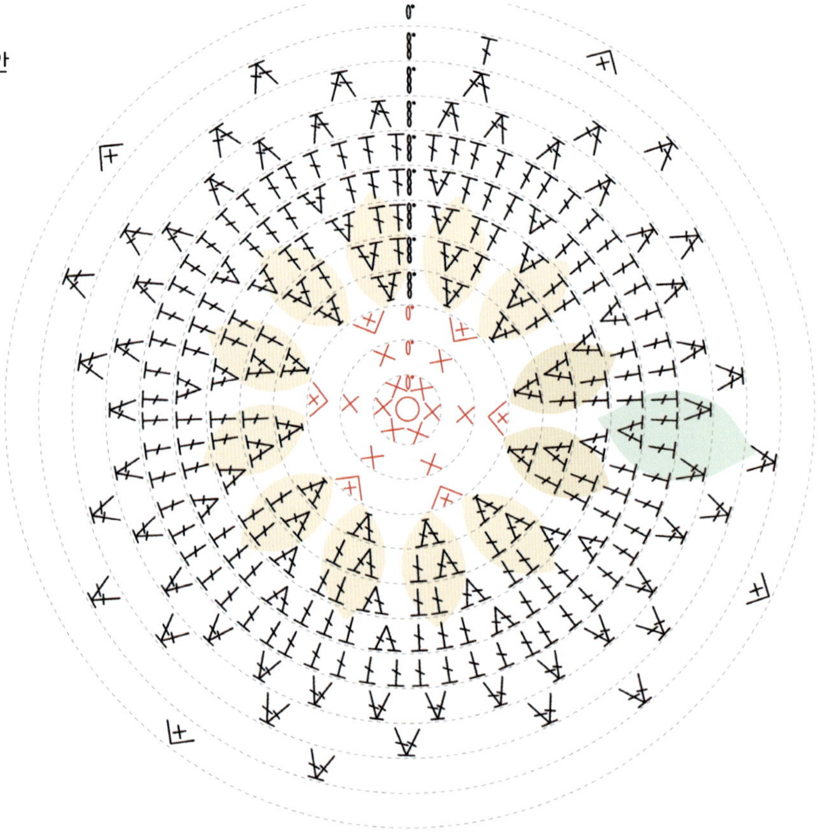

꽃

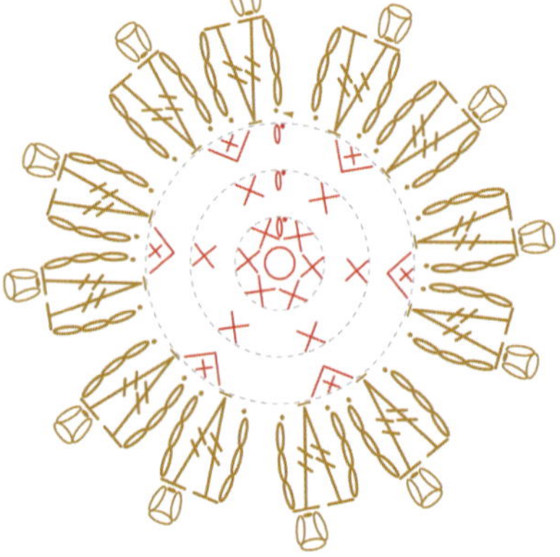

잎사귀

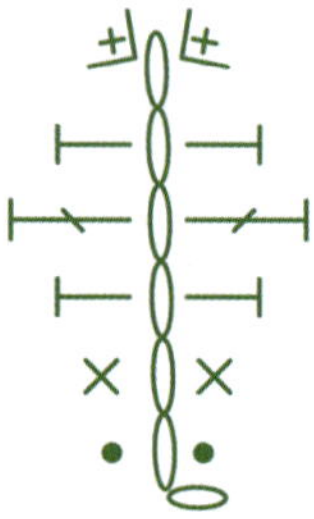

How to make

01 꽃잎은 앞이랑뜨기, 바탕은 뒷이랑뜨기로 떠 주세요.

02 7단까지 뜬 후 잎사귀를 돗바늘로 연결해 주세요.

클로버 수세미

난이도	완성사이즈	사용실	사용바늘
★★☆☆	지름 11cm	웰빙수세미 14번 / 마음펄수세미 9번, 14번 / 마음수세미 16번, 19번	모사용 6호 코바늘

기법
매직링, 한길긴뜨기, 한길긴2코늘려뜨기, 한길긴3코구슬뜨기, 한길긴2코모아뜨기,
짧은2코모아뜨기, 빼뜨기

뜨는 순서
매직링 만들기 ➜ 클로버 만들기 ➜ 바탕 뜨기

동영상 참조

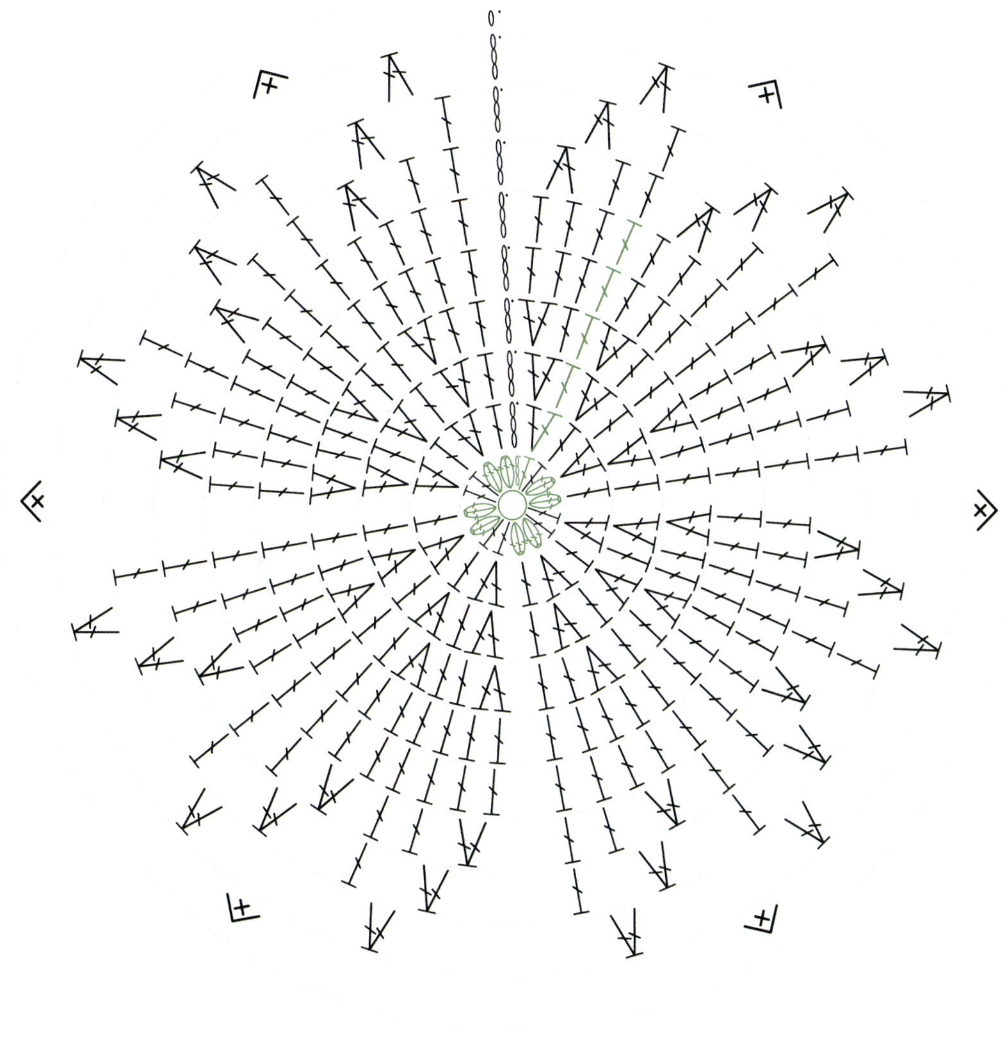

벚꽃 수세미

난이도	완성사이즈	사용실	사용바늘
★★☆☆	지름 11cm	크림수세미 3번, 8번, 11번, 13번, 14번 / 마음펄수세미 20번 / 컬러풀수세미 3번	모사용 6호 코바늘

기법
매직링, 사슬뜨기, 짧은뜨기, 한길긴뜨기, 한길긴2코늘려뜨기, 한길긴2코모아뜨기,
두길긴4코모아뜨기, 빼뜨기

뜨는 순서
수술 만들기 ➜ 꽃잎 만들기 ➜ 7단까지 바탕 뜨기 ➜ 가지 수놓기 ➜
남은 바탕 뜨고 마무리

동영상 참조

전체 도안

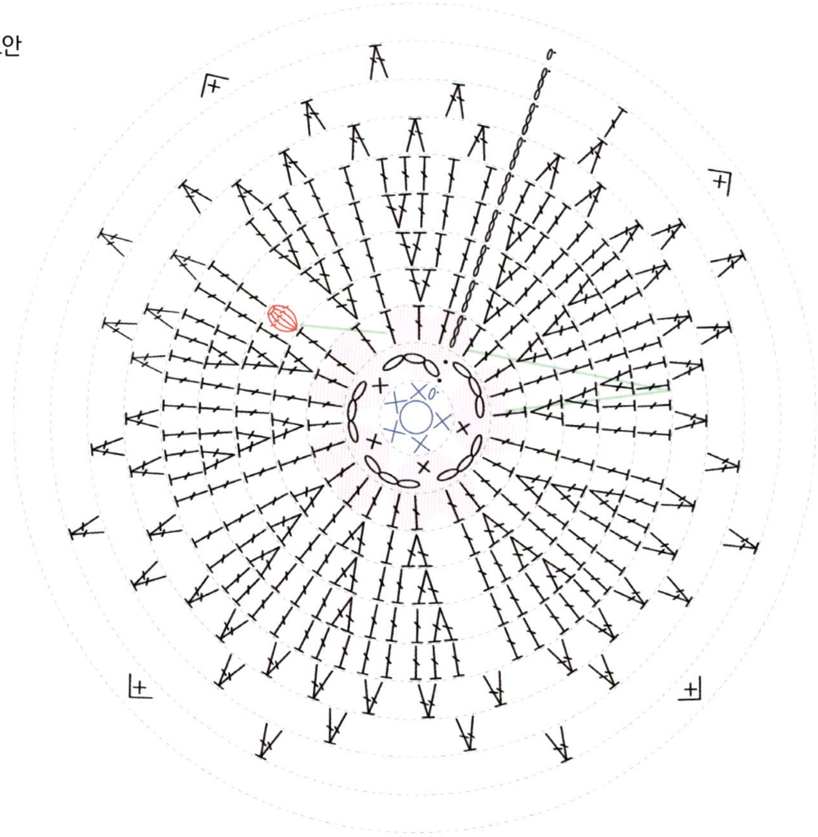

수술

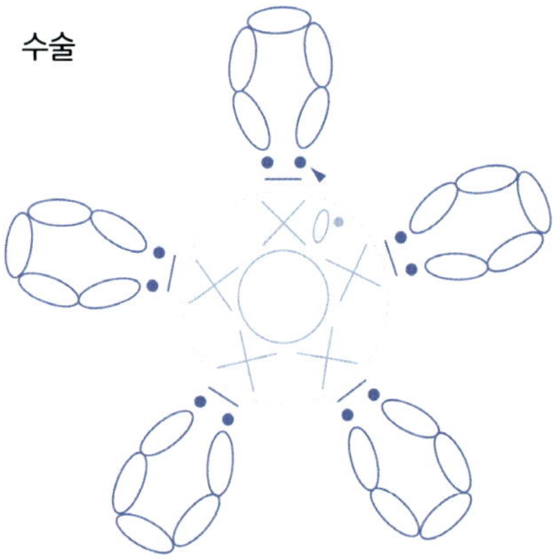

꽃잎

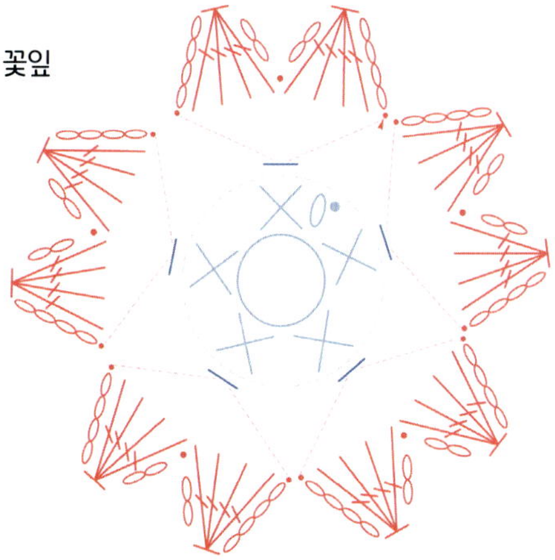

How to make

01 수술은 앞이랑뜨기로 떠 주세요.

02 꽃잎은 뒷이랑뜨기로 떠 주세요.

03 바탕은 꽃잎과 꽃잎 사이에 새롭게 실을 연결해서 떠 주세요.

04 바탕 2단은 사슬을 감아 떠 주세요.

05 바탕을 7단까지 뜬 후, 가지 부분 덧수를 놓아 주세요.

아이스크림 수세미

난이도	완성사이즈	사용실	사용바늘
★★☆☆☆	지름 11cm	웰빙수세미 24번 / 크림수세미 2번, 10번, 11번, 17번	모사용 6호 코바늘

· 기법
사슬뜨기, 짧은뜨기, 5코구슬뜨기, 짧은뜨기2코모아뜨기, 긴뜨기, 한길긴뜨기,
한길긴2코늘려뜨기, 한길긴2코모아뜨기, 한길긴3코모아뜨기, 빼뜨기

· 뜨는 순서
크림 만들기 ➡ 편물 뒤집어 콘 만들기 ➡ 바탕 뜨기

동영상 참조

전체 도안

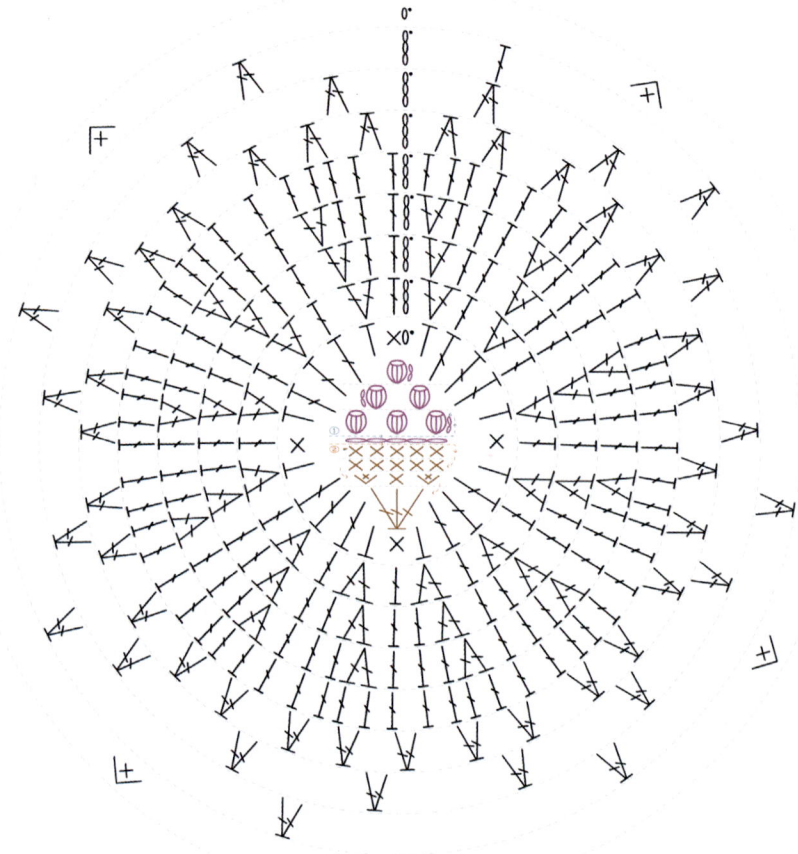

아이스크림

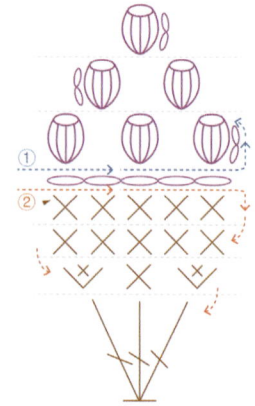

How to make

01 콘은 크림을 뒤집어 시작해 주세요.

02 아이스크림을 4구간으로 나눠서 표시링이 걸린 곳에는 각각 짧은뜨기를, 표시링과 표시링 사이에는 5코를 도안대로 떠 주세요.

03 바탕은 아이스크림 꼭대기 부분에서 시작해 주세요.

04 바탕 1단은 크림과 콘 끝부분에 코를 떠 주세요.

왕꽃 수세미

난이도	완성사이즈	사용실	사용바늘
★★☆☆☆	지름 11cm	컬러풀수세미 5번 / 크림수세미 20번, 21번, 22번 / 웰빙수세미 24번, 43번	모사용 6호 코바늘

기법
매직링, 사슬뜨기, 한길긴뜨기, 한길긴이랑2코늘려뜨기, 긴뜨기, 긴뜨기2코늘려뜨기, 빼뜨기

뜨는 순서
이랑뜨기 주의하며 바탕 뜨기 ➡ 꽃잎 만들기 ➡ 테두리 뜨기

동영상 참조

뒤판(바탕)

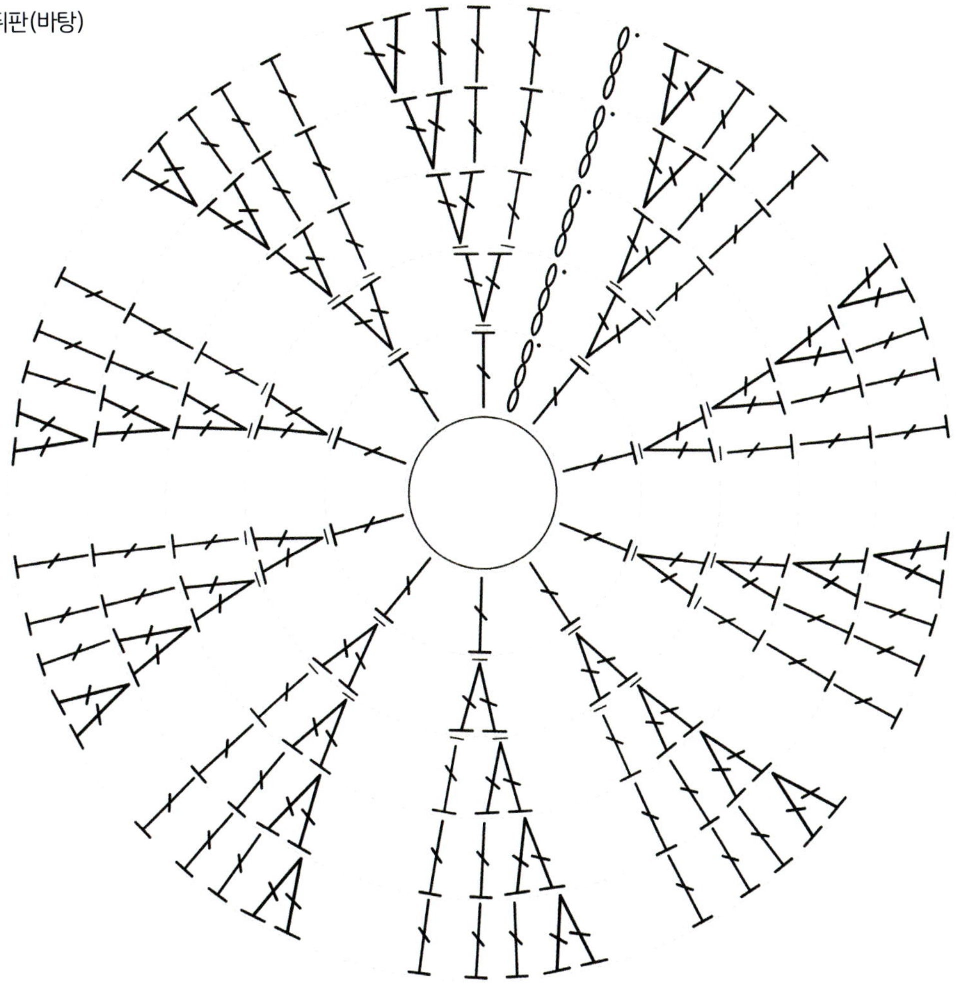

꽃잎

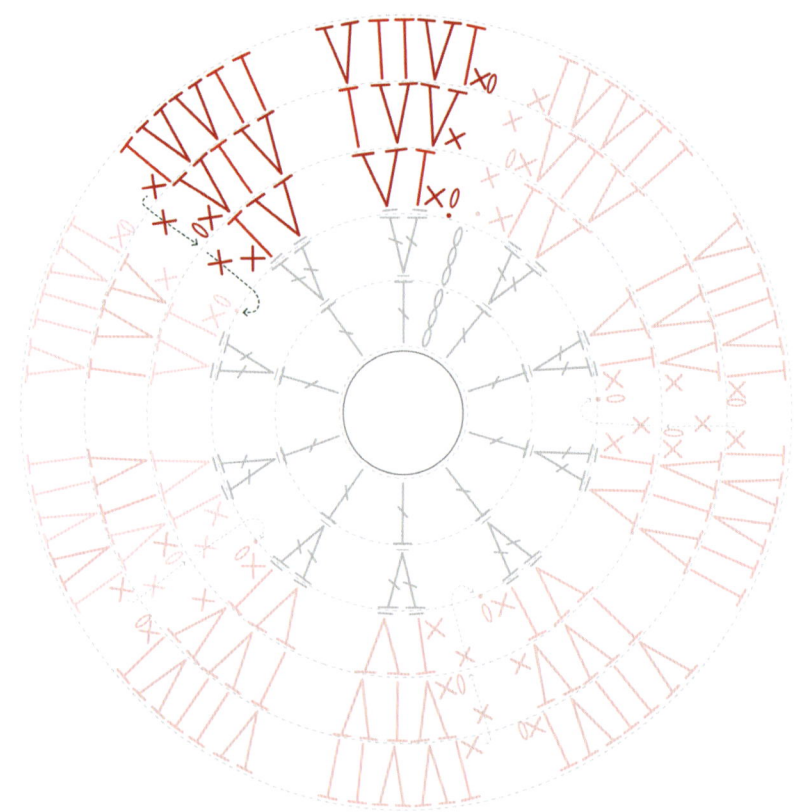

테두리

How to make

01 2단과 3단은 전체 뒷이랑뜨기로 떠 주세요.

02 꽃잎은 3단의 앞이랑뜨기로 시작해 주세요.

03 수술은 2단의 앞이랑뜨기로 시작해 주세요.

04 엣징 부분은 꽃잎과 꽃잎 사이에서 시작하고, 도안의 별표 부분은 뒤판과 함께 떠 주세요.

당근케이크 수세미

난이도	완성사이즈	사용실	사용바늘
★★☆☆☆	가로 10cm × 높이 4cm	웰빙수세미 60번, 14번 / 크림수세미 2번, 7번, 10번, 12번, 17번	모사용 6호 코바늘

기법
매직링, 짧은뜨기, 짧은뜨기2코모아뜨기, 짧은앞걸어뜨기, 긴뜨기앞걸어뜨기, 한길긴뜨기, 한길긴2코늘려뜨기, 한길긴앞걸어뜨기, 한길긴뒤걸어뜨기, 두길긴앞걸어뜨기, 빼뜨기

뜨는 순서
빵 만들기 ➜ 크림 만들기 ➜ 당근 만들기 ➜ 돗바늘로 연결하기

동영상 참조

빵

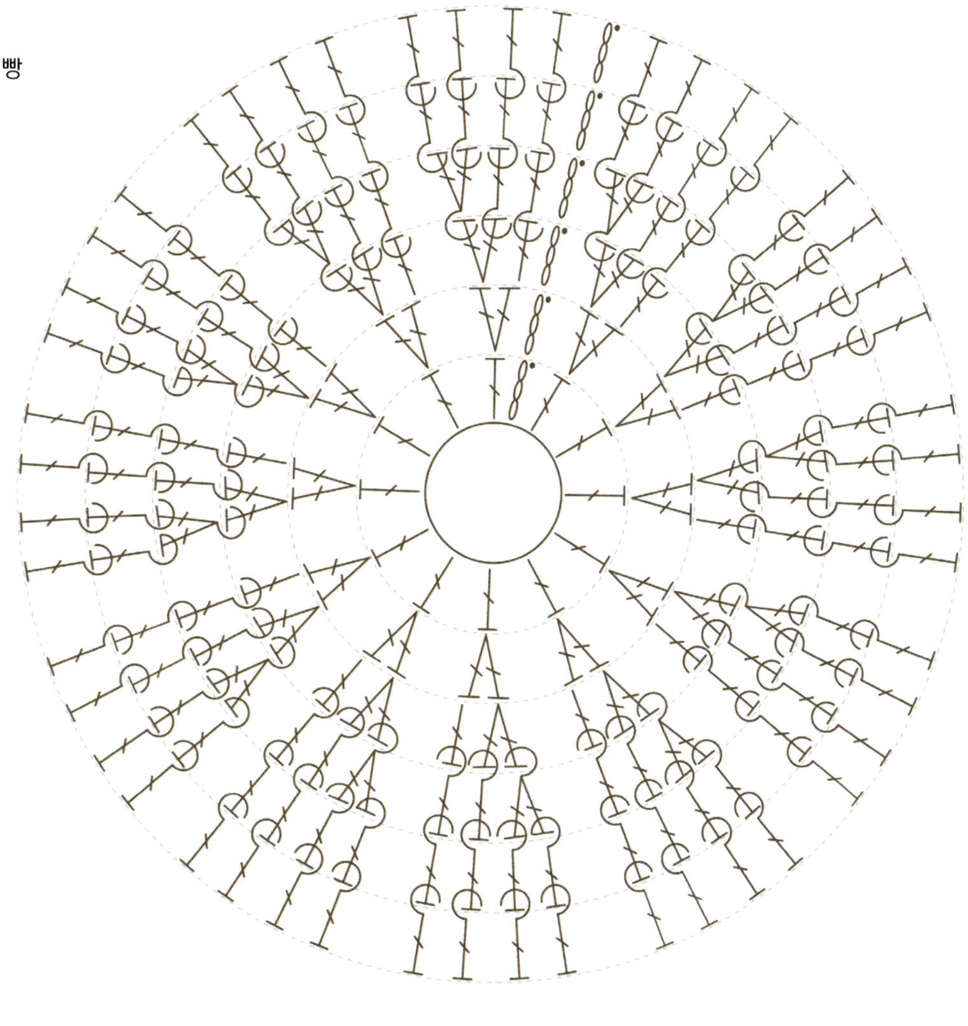

크림

당근

당근케이크

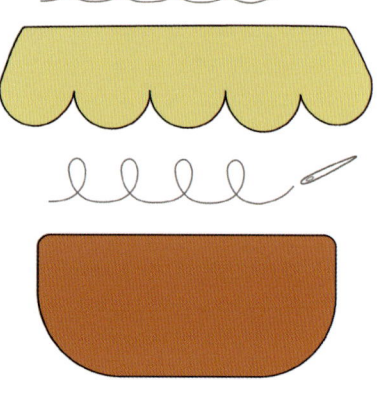

빵, 크림, 당근을 각각 떠서 돗바늘로 연결해 주세요.

여우모닝빵 수세미

난이도
★★☆☆

완성사이즈
가로 10cm × 높이 7cm

사용실
크림수세미 2번, 17번, 21번, 22번 /
웰빙수세미 24번

사용바늘
모사용 6호 코바늘

기법
매직링, 한길긴뜨기, 한길긴2코늘려뜨기, 한길긴5코팝콘뜨기, 한길긴뜨기2코모아뜨기, 짧은2코모아뜨기, 빼뜨기

뜨는 순서
7단까지 뜨기 ➡ 오른쪽 귀부분 뜨기 ➡ 왼쪽 귀 부분 뜨기 ➡ 눈 스티치 ➡ 남은 부분 뜨기

동영상 참조

전체 도안

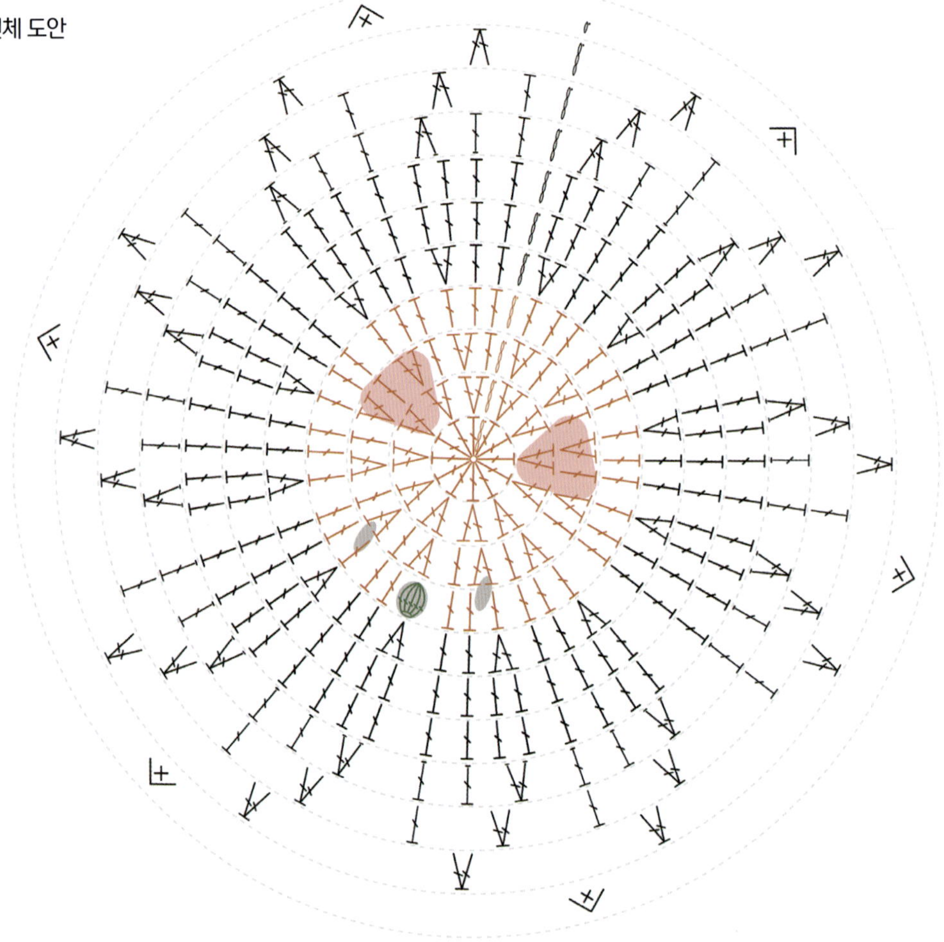

귀

How to make

01 귀는 편물을 납작하게 눌러 2단과 3단 기둥 부분에 떠 주세요.

02 흰색 실로 귀 안쪽을 먼저 떠 주세요.

03 귀 안쪽을 뜬 뒤 테두리를 둘러 주세요.

04 왼쪽 귀는 2단 기둥 부분에서 시작해 주세요.

05 귀를 뜬 뒤 눈 스티치를 해 주세요.

06 8단은 뒷이랑뜨기로 떠 주세요.

사자 수세미

난이도	완성 사이즈	사용실	사용바늘
★★☆☆☆	지름 12cm	웰빙파트너수세미 3번, 7번, 8번, 11번, 14번, 22번	모사용 10호 코바늘

기법
매직링, 사슬뜨기, 짧은뜨기, 짧은2코늘려뜨기, 한길긴뜨기, 한길긴2코늘려뜨기,
짧은링뜨기, 빼뜨기

뜨는 순서
뒤판 뜨기 ➡ 앞판 뜨기 ➡ 콧등 만들기 ➡ 코 연결 및 얼굴 스티치하기 ➡
짧은링뜨기로 앞뒤판 연결하기 ➡ 귀 만들기

동영상 참조

얼굴 앞면 및 갈퀴

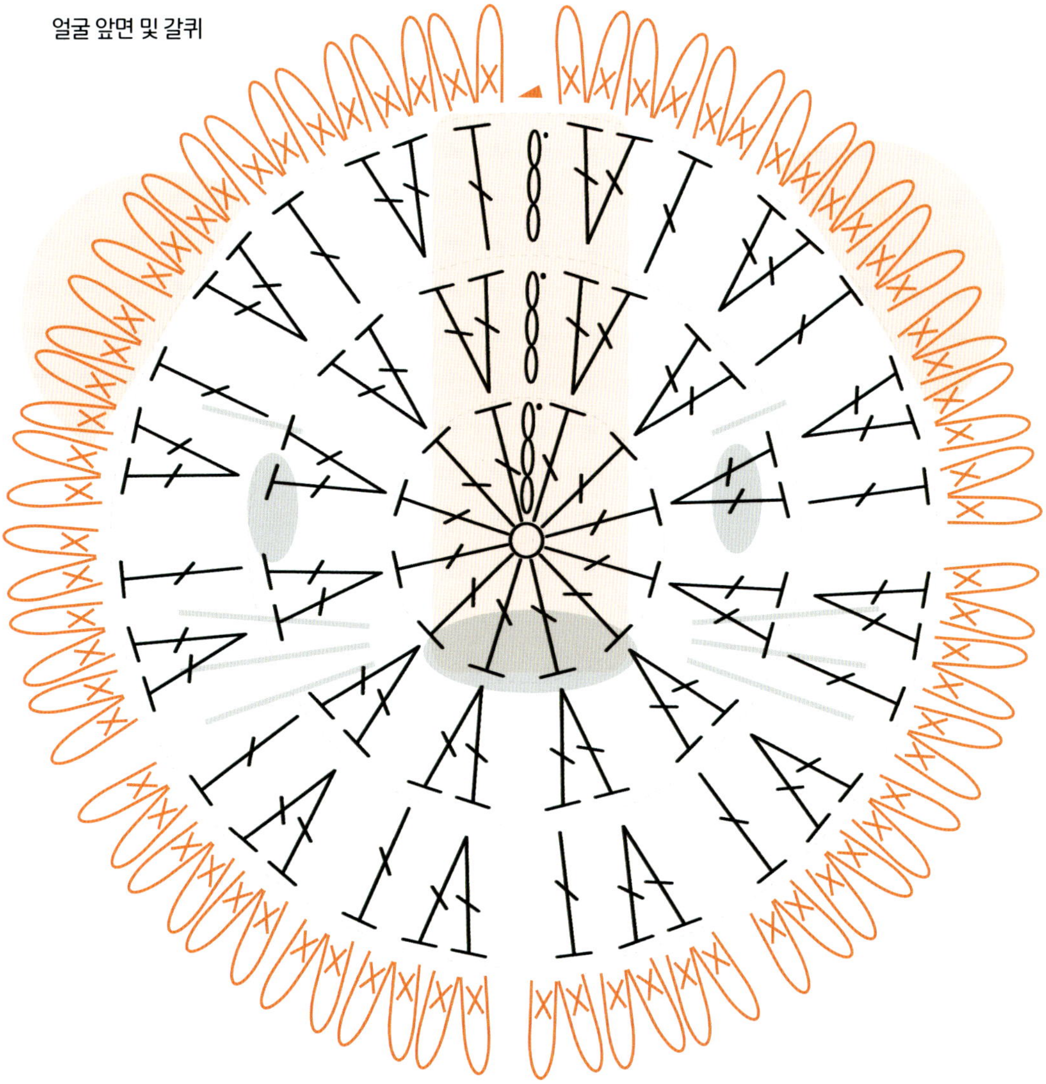

뒤판

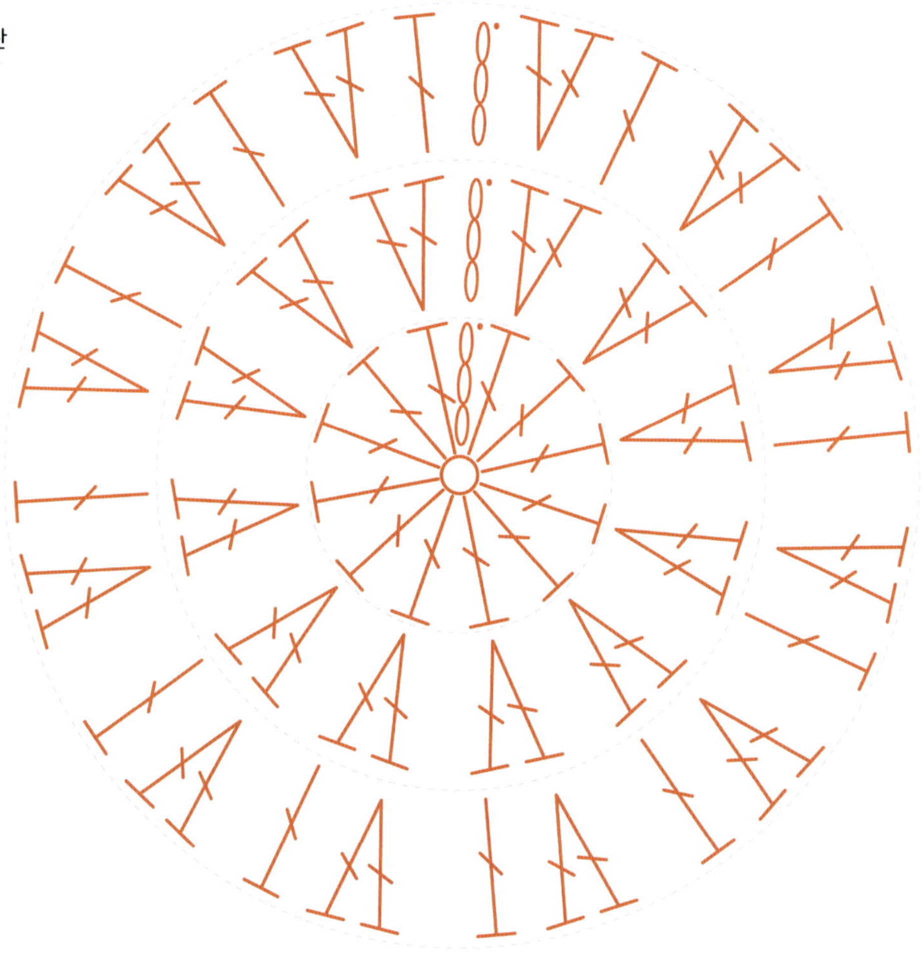

콧등

귀

How to make

01 얼굴색과 갈퀴색 2가지로 같은 크기의 원형 2개를 떠 주세요.

02 얼굴색 원형에 콧등을 돗바늘로 연결해 주고, 얼굴 스티치를 해 주세요.

03 갈퀴 부분의 링뜨기는 앞판과 뒤판을 함께 뜨면서 진행해 주세요.

04 갈퀴의 짧은뜨기 부분에 귀를 떠 주세요.

소 수세미

난이도	완성 사이즈	사용실	사용바늘
★★☆☆☆	가로 11cm × 세로 10cm	마음수세미 16번 / 웰빙수세미 24번, 55번 / 크림수세미 2번, 4번, 10번, 13번	모사용 6호 코바늘

기법

사슬뜨기, 긴뜨기, 긴뜨기2코늘려뜨기, 한길긴뜨기, 두길긴뜨기, 빼뜨기

뜨는 순서

입 만들기 ➔ 얼굴 만들기 ➔ 실 끊지 않고 왼쪽 귀와 뿔 만들기 ➔ 새로운 실 연결해서 오른쪽 귀와 뿔 만들기

동영상 참조

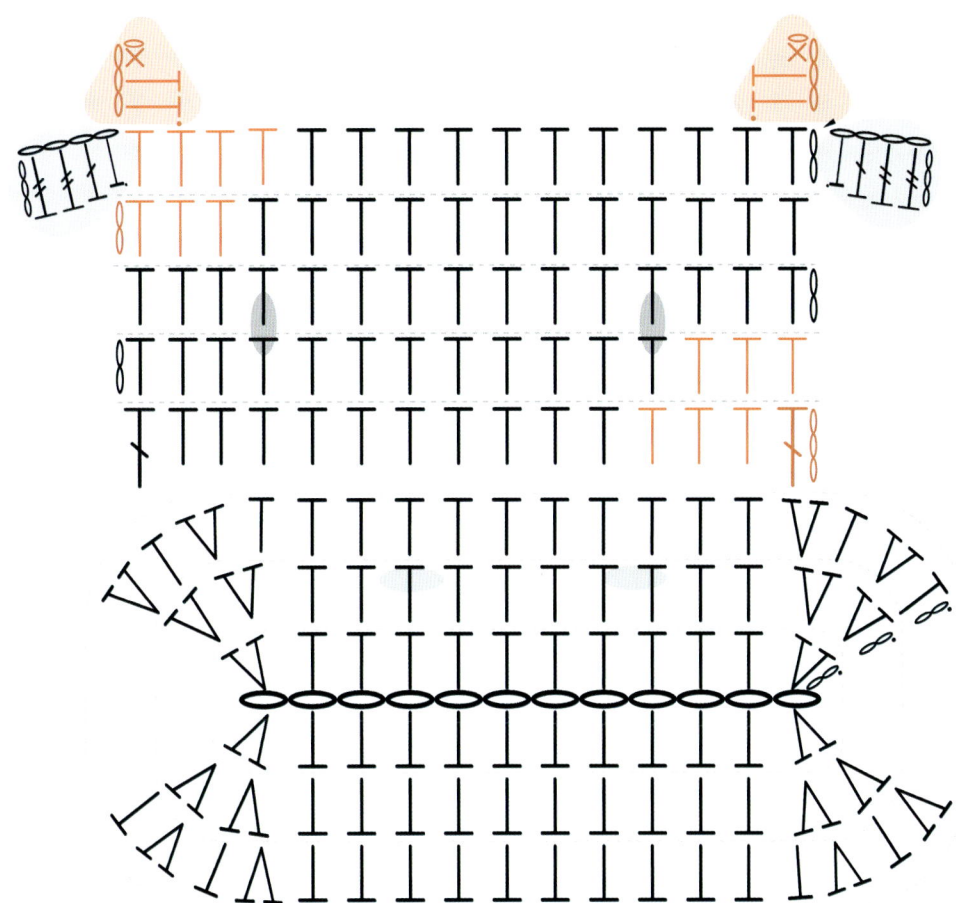

How to make

01 수세미실 2겹으로 모사용 6호 바늘로 시작해 주세요. 1단은 사슬 반 코만 잡고 타원형으로 1바퀴 떠 주세요.

02 얼굴 부분 시작은 입 부분 빼뜨기 기준 6번째 코에서 시작해 주세요.

03 왼쪽 뿔과 귀는 실을 끊지 않고 연결해서 바로 떠 주세요.

04 오른쪽 뿔과 귀는 새롭게 실을 연결해서 떠 주세요.

파티고미 수세미

난이도	완성사이즈	사용실	사용바늘
★★☆☆☆	가로 11cm × 세로 11cm	웰빙수세미 24번 / 크림수세미 2번, 4번, 8번, 10번, 22번	모사용 6호 코바늘

기법
사슬뜨기, 짧은뜨기, 짧은2코모아뜨기, 짧은3코모아뜨기, 한길긴뜨기, 한길긴2코 늘려뜨기, 한길긴5코팝콘뜨기, 한길긴2코모아뜨기, 두길긴뜨기, 빼뜨기

뜨는 순서
얼굴 만들기 ➡ 얼굴 스티치하기 ➡ 귀 만들기 ➡ 고깔 뜨기

동영상 참조

전체 도안

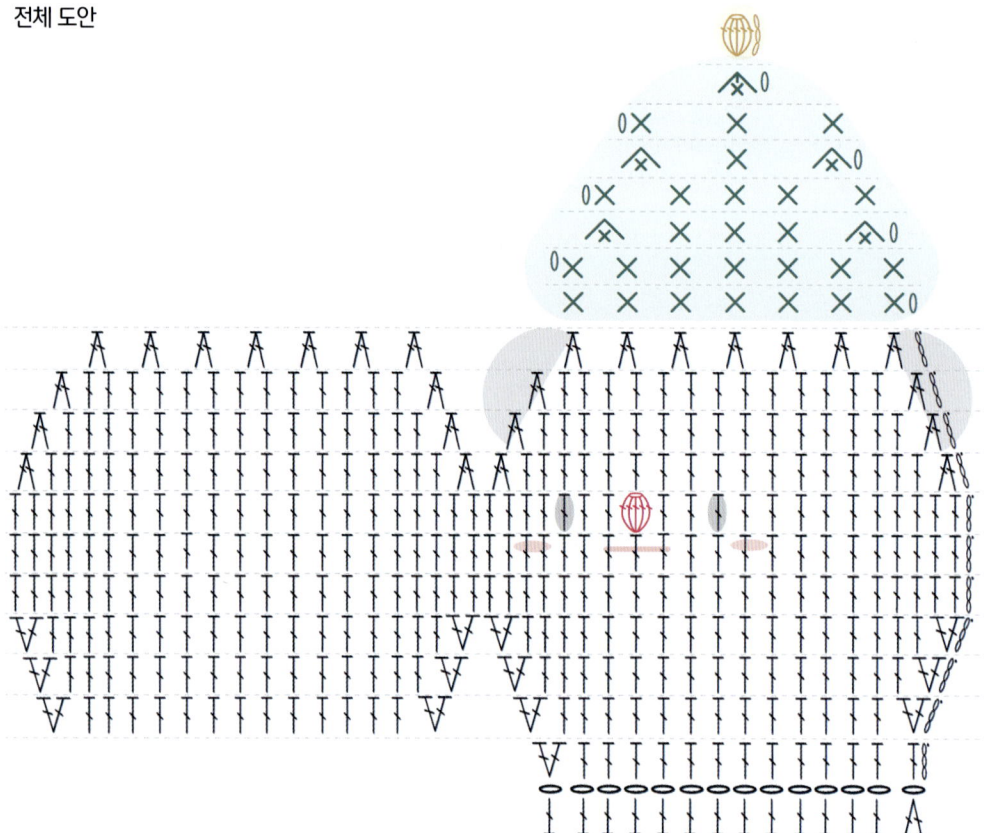

귀

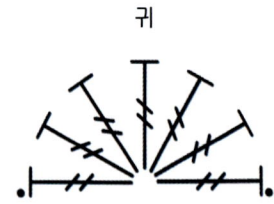

How to make

01 1단은 사슬 반 코만 잡고 1바퀴 돌려 떠 주세요.

02 9단과 10단 사이에 새롭게 실을 연결해서 오른쪽 귀를 시작해 주세요.

03 오른쪽 귀는 10단 기둥 부분에 떠 주세요.

04 왼쪽 귀는 10단과 11단 사이에 새롭게 실을 연결해서 시작해 주세요.

05 왼쪽 귀도 10단 기둥 부분에 떠 주세요.

06 고깔모자를 뜰 때는 앞면과 뒷면의 코를 함께 떠 주세요.

아기펭귄 수세미

난이도	완성사이즈	사용실	사용바늘
★★☆☆☆	가로 9cm × 높이 10cm	웰빙수세미 24번, 77번 / 크림수세미 9번, 10번 / 컬러풀수세미 7번, 8번	모사용 6호 코바늘

· **기법**
매직링, 사슬뜨기, 짧은뜨기, 짧은2코모아뜨기, 긴뜨기, 한길긴뜨기, 한길긴이랑2코늘려뜨기, 한길긴2코모아뜨기, 빼뜨기

· **뜨는 순서**
이랑뜨기, 배색 주의하며 7단까지 뜨기 ➡ 날개 만들기 ➡ 얼굴 스티치하기 ➡ 남은 부분 뜨기

동영상 참조

전체 도안

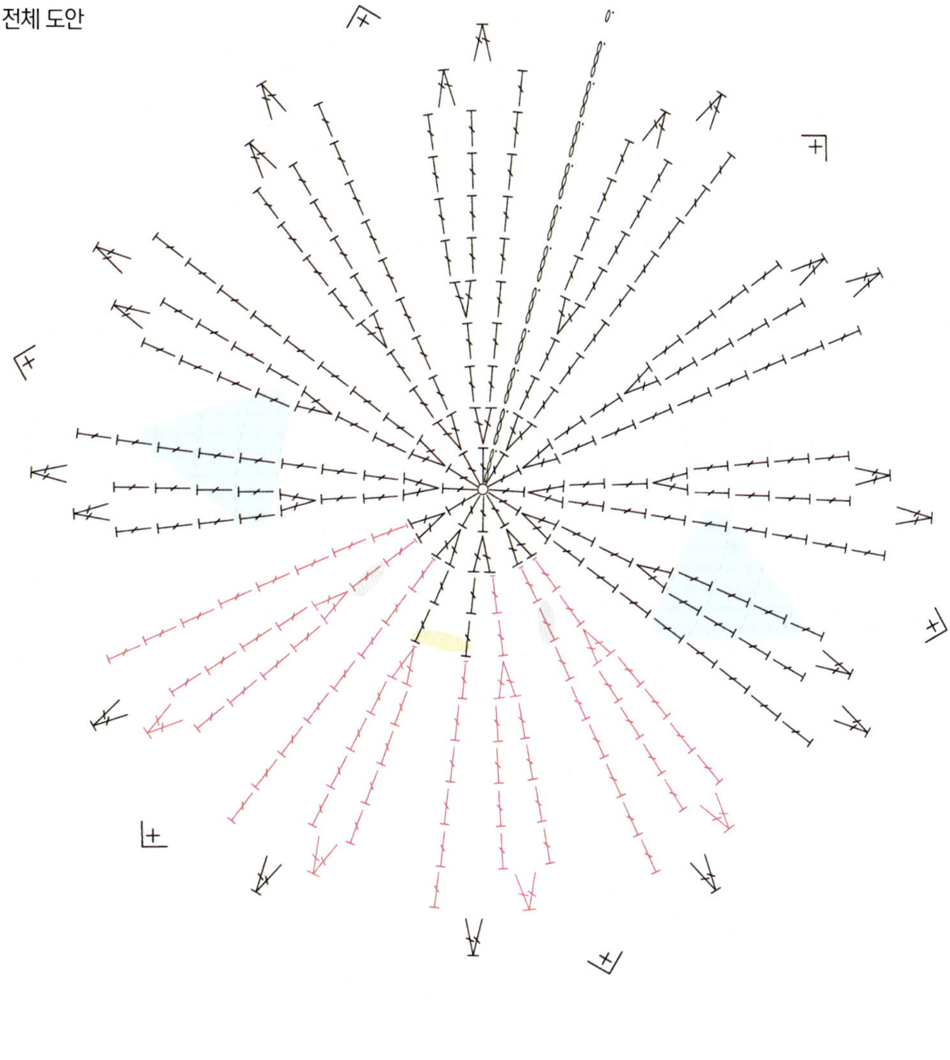

날개

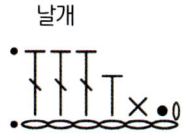

171

How to make

01 3단과 5단에는 부분적으로 뒷이랑뜨기가 있습니다.

02 7단까지 뜬 후 날개 부분과 얼굴표정 스티치를 넣어 주세요.

특 허 받 은 세 계 최 초
다 목 적 수 세 미 실

웰빙파트너 WELLBEING PARTNER™

더 자세히 보기

www.yeonil.co.kr | NAVER BLOG/ blog.naver.com/yeoniltex | INSTAGRAM/ @yeoniltex_official